新文京開發出版股份有限公司

NEW
WCDP

新世紀・新視野・新文京 ─ 精選教科書・考試用書・專業參考書

不動產 第5版
估價概要
─ 理論與實務 ─

CONCEPTS AND APPLICATION OF
Real Estate Appraisal

Fifth Edition

郭厚村 博士／估價師　編著

　　本版除修正之前版本的勘誤外，主要是加入解題提示、範例及加強圖形的說明，以讓學員對於不動產估價技術規則的理解及應用，更加容易。

1. 在估價數學部分，加入總整理的圖說。

2. 在比較法方面，加入百分率法，將中文語句說明時容易產生的調整錯誤，加以邏輯及規則化。還加入交易稅賦於情況調整的思維，以及總整理比較法在不動產估價實務的解題步驟。

3. 在成本法除了加入範例外，還加入跟土地開發分析法的比較異同。

4. 在租金估計及農作改良物方面則是加入舉例及圖說的說明。

　　以筆者多年教學的經驗，建議學員於學習不動產估價時多多利用圖形及舉例來理解與記憶相關技術規則的應用，希望本書能讓學員們學習起來更加淺顯易懂。

郭厚村　謹序

2020 年 5 月

由於不動產估價技術規則於 2013.12.20 進行修正，因此，進行本版的修正。

本版除配合技術規則的修訂，於各方法論皆有所修訂:

1. 於比較法方面，加入試算價格如何以權重推估比較價格。

2. 於成本法方面，加入如何以方程式的方法求解土地總成本及建物總成本。

3. 於土地開發分析法方面，加入不用已知土地價格比率即可正確以一元二次方程式正確求解土地開發分析價格，並提出考試時可以疊代法快速求解。

4. 於收益法方面，導出建物價格日期當時價值未來每年折舊提存率的公式，並對新技術規則第 41 條第二款認為應有問題，提出修正想法。

感謝家人、估價師夥伴們、好朋友、學生及新文京開發出版股份有限公司的支持與協助，使本書可在教學理論及事務所估價實務中不斷的修正及成長，因為大家給我不斷的靈感及鼓勵，方能使本版可順利出版及修正，祈許本書能促使讀者們於不動產估價方面快速理解。

郭厚村 謹序

2014.07.10

　　三版主要是以修訂二版中之未盡處及加入中華民國不動產估價師公會全國聯合會所提供之「臺北市都市更新權利變換不動產估價報告書範本及審查注意事項」以利讀者了解近來相當熱門的都市更新權利變換之不動產估價實務報告書之樣式及製作，並輔以更多實例演算及理論的解說，以讓讀者易於自修研讀。

　　再次感謝新文京開發出版股份有限公司的支持及協助，使本書能有機會不斷的修正及擴增內容，並順利出版發行。

郭厚村　謹序

2009 年 12 月

　　隨著不動產估價此領域漸成顯學之際，新的人才及技術紛紛投入此領域之研究及發展，又加上近幾年國內不動產一片蓬勃，更是帶動社會上一片投資不動產之流行，而於 2006.06.12 新修訂的不動產估價技術規則剛好滿足了研究及投資之士一個規範下的估價基本模式。值此之際，由於執教於南部數所大專院校，不管是大學部、在職專班、估價師學分班、進修部都應以新修之技術規則為其學習之教具，以達新知傳播之效，故著手修訂此書二版。

　　二版主要是以修訂新技術規則之條文為主要方向，且新加入中華民國不動產估價師公會全國聯合會所提供之「敘述式不動產估價報告書範本」、「證券化不動產估價報告書範本」及「不動產估價技術規則修正總說明」以利讀者了解不動產估價實務的報告書型態及技術規則之立法意旨，並加入更多理論實例以讓讀者及學員容易聯想及了解，進而在知曉不動產估價之基本觀念後，可以作為投資不動產之基礎估價，或為投入不動產估價師高考之基石。

　　在南部講授不動產估價相關學科幾年來，從公部門如國有財產局、台南縣政府地政局、屏東縣政府地政局等，或是私部門派員來崑山科技大學、立德管理學院、興國管理學院之估價教育訓練，都特別感覺整個公私部門重視此類專業學能的程度，也了解社會人士對此類學問的求知慾望甚強，但可惜的是目前全國還未有「不動產估價學系」或「不動產估價學研究所」之設立，還望國家教育體系能重視此類需求，使不動產估價能有更深入的研究及發展。

　　本人從產業經理人能轉型成為不動產估價師事務所所長，又幸運的能執教於南部數所大專院校，很感謝數位提攜我的長輩及朋友夥伴。國立中興大學土木系郭其珍教授指導我博士班之研究，崑山科技大學鄭明安教授指導我不動產估價教學及執業之專業知識，崑山科技大學胡學彥主任；立德管理學院張學聖總務長、岳裕智主任、李宗霖主任；興國管理學院蕭邦安主任讓我能執教及推廣不動產估價學於各大學，南元紡織吳天素董事長

及義聯集團林志龍董事長指導及提攜我創業的專業知識及技能，感謝我的創業夥伴李俊賢不動產估價師對於事務所的幫忙協助，感謝我的內人憶茹於大學執教之餘還得協助我事務所之各項工作，方使事務所之業務能蒸蒸日上。更感謝我的父母、家人、兒子對我的工作之愛護及勉勵並體諒，最後再次感謝文京出版機構之支持，本書才得以順利出版。

郭厚村　謹序

2006 年 6 月

　　不動產估價此門學問隨著不動產估價師的高考證照而成為顯學。由於在不動產估價師高考科目中有「不動產估價理論」及「不動產估價實務」，而在不動產經紀人證照考試中則有「不動產估價概要」等這些與不動產估價相關之考試科目，遂將自己參加考試所整理之重點及於大學中上課講授內容予以整理出版，以簡要的內容加上自創之公式、圖解等易背誦了解方式讓讀者及同學能在短時間內對不動產估價有所了解。

　　由於自己並非不動產相關科系畢業，而是以工學院之背景在崑山科技大學修習應有學分後，而順利考上「不動產估價師」高考。自己分析相關考試科目，發現對理工背景的同學當會有利於數理較多之「不動產估價理論」、「不動產估價實務」、「不動產投資」等科目之準備，所以只需再加強其餘三科背誦科目「民法物權與不動產法規」、「土地利用法規」、「土地經濟學」，應可應付考試。所以，地政相關科系者有三科較專長，理工數理科系者亦有三科較專長，對準備考試者應皆有有利及不利各半之現象，故以此勉勵非地政科系之同學不用對考試有所疑懼。

　　本書能得以付梓出版，首先得感謝於崑山科技大學估價師學分班求學期間指導我的鄭教授明安、梁教授仁旭、姚教授希聖、陳教授淑美等在不動產估價師相關考試學分之指導；並感謝中興大學土木系郭教授其珍、崑山科技大學不動產經營系主任胡教授學彥、立德管理學院資產科學系主任張教授學聖、興國管理學院資產管理科學系主任連教授經宇等之支持與鼓勵；最後感謝文京出版機構之支持，本書才得以順利出版。

郭厚村　謹序

2004 年 5 月

編者簡介

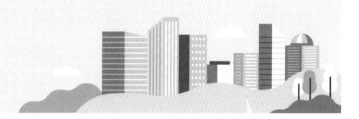

郭厚村 博士 / 不動產估價師

學歷

九十一年不動產估價師高考及格

國立中興大學土木工程工學博士

經歷

南元紡織股份有限公司協理

義聯集團之燁茂實業股份有限公司協理

經緯衛星資訊股份有限公司執行董事

現職

郭厚村不動產估價師事務所所長

崑山科技大學房地產開發與管理學系(所)助理教授

郭厚村的部落格

http://blog.xuite.net/dvds80/twblog

郭厚村的 EMAIL

dvds800@gmail.com

dvds800@yahoo.com.tw

郭厚村不動產估價師事務所

0932-717933

目錄 CONTENTS

CHAPTER 01 緒 論

第一節 不動產及估價的觀念 2
第二節 不動產估價的需求時機及不動產估價師的條件 13
第三節 不動產估價技術規則之用詞定義 19

CHAPTER 02 不動產估價原則

第一節 供給需求原則 26
第二節 變動原則 28
第三節 預期原則 29
第四節 替代原則 30
第五節 最高最有效使用原則 35
第六節 均衡原則 40
第七節 收益遞增遞減原則 41
第八節 收益分配原則（剩餘生產力原則） 42
第九節 競爭原則 43
第十節 適合原則 44
第十一節 貢獻原則 45
第十二節 外部性原則 45

CHAPTER 03 影響不動產價格的因素分析

第一節 一般因素 48
第二節 區域因素 51
第三節 個別因素 52

CHAPTER 04 不動產估價程序

第一節 確定估價基本事項 56
第二節 擬定估價計畫 58
第三節 蒐集資料 59
第四節 確認勘估標的狀態 59
第五節 整理、比較、分析資料 59
第六節 運用估價方法推算勘估標的價格 60
第七節 決定勘估標的價格 60
第八節 製作估價報告書 61

CHAPTER 05 估價數學

第一節 複利終價率 64
第二節 複利現價率 65
第三節 複利年金現價率 66
第四節 本利均等償還率 67
第五節 複利年金終價率 70
第六節 償還基金率 71
第七節 估價數學公式總整理 72

CHAPTER 06 估價方法─比較法

第一節 不動產估價技術規則相關條文 76
第二節 相關估價原則 79
第三節 估價程序 80
第四節 估價方法 81
第五節 應用限制 82
第六節 估價實務問題舉例 86
第七節 特別補充 92

CHAPTER 07 估價方法—成本法

第一節　不動產估價技術規則相關條文
　　　　96
第二節　相關估價原則　　101
第三節　估價程序　　104
第四節　估價方法　　105
第五節　應用限制　　118
第六節　估價實務問題舉例　　120

CHAPTER 08 估價方法—收益法

第一節　不動產估價技術規則相關條文
　　　　124
第二節　相關估價原則　　130
第三節　估價程序　　134
第四節　估價方法　　134
第五節　應用限制　　147
第六節　估價實務問題舉例　　148

CHAPTER 09 估價方法—土地開發分析法

第一節　不動產估價技術規則相關條文
　　　　154
第二節　相關估價原則　　157
第三節　估價程序　　159
第四節　估價方法　　159
第五節　估價實務問題舉例　　164

CHAPTER 10 租金估計

第一節　不動產估價技術規則相關條文
　　　　172
第二節　租金種類　　173
第三節　新訂租金方法　　173
第四節　續訂租金方法　　174

CHAPTER 11 估價各論

第一節　宗地估價　　178
第二節　特殊宗地估價　　182
第三節　房地估價　　187
第四節　土地改良物估價　　192
第五節　權利估價　　194
第六節　大量估價　　202

附　錄

附錄 A　不動產估價技術規則
　　　　（2013.12.20 修訂版）　　206
附錄 B　不動產估價師法　　234
附錄 C　不動產估價師法施行細則　　242
附錄 D　敘述式不動產估價報告書範本
　　　　247
附錄 E　都市更新權利變換不動產估價報
　　　　告書範本及審查注意事項
　　　　267

參考書目　　319

CHAPTER

01

緒 論

第一節　不動產及估價的觀念
第二節　不動產估價的需求時機及不動產估價師的條件
第三節　不動產估價技術規則之用詞定義

第一節　不動產及估價的觀念

不動產的觀念

　　有關不動產的意義及範疇，散見於我國所定之法律條文，茲整理其相關之規定及說明如下：

一、民法

　　民法第 66 條：「稱不動產者，謂土地及其定著物。不動產之出產物，尚未分離者，為該不動產之部分。」

　　民法第 67 條：「稱動產者，為前條所稱不動產以外之物。」

　　由於不動產估價之範疇應限於不動產之範圍，故從民法第 66 及 67 條之規定當知動產與不動產之分別，簡單而言，只要能分辨物是否為土地或定著物，則非屬此類者皆為動產。而有關土地及定著物之相關規定則又散見於以下各相關法律條文。

二、土地法

　　土地法第 1 條：「本法所稱土地，謂水陸及天然富源。」

　　土地法第 5 條：「本法所稱土地改良物，分為建築改良物及農作改良物二種。附著於土地之建築物或工事，為建築改良物。附著於土地之農作物及其他植物與水利土壤之改良，為農作改良物。」

　　就土地法之條文可見土地之範疇及於水、陸及天然富源，其中水係指河、川、湖、海、洋……等；陸係指人類所居住之地面；而天然富源則指自然力（光、熱、風、雨）及地下之自然物（礦）等資源。

三、建築法

　　建築法第 4 條：「本法所稱建築物，為定著於土地上或地面下具有頂蓋、樑柱或牆壁，供個人或公眾使用之構造物或雜項工作物。」

　　建築法第 7 條：「本法所稱雜項工作物，為營業爐竈、水塔、瞭望臺、招牌廣告、樹立廣告、散裝倉、廣播塔、煙囪、圍牆、機械遊樂設施、游泳池、地下儲藏庫、建築所需駁崁、挖填土石方等工程及建築物興建完成後增設之中央系統空氣調節設備、昇降設備、機械停車設備、防空避難設備、汙物處理設施等。」

故知加油站、涼亭應視為建築物，且建築物內所應有之空調設備、昇降設備等亦應視為建築物。

四、大法官解釋令

釋字第 93 號解釋：「……凡繼續附著於土地，而達其一定經濟上之目的者，應認為不動產。」

因本解釋令為民法第 66 條之相關解釋，故認為定著物應指非土地本身之成分，繼續附著於土地，而達其一定經濟上之目的皆應為不動產之範疇。

五、不動產估價師法

不動產估價師法第 14 條：「不動產估價師受委託人之委託，辦理土地、建築改良物、農作改良物及其權利之估價業務。」

由不動產估價師法可見不動產估價之範圍除民法所規定之主要範疇外，尚包括其權利。就物權方面，主要於民法物權篇中之所有權、地上權、農育權、不動產役權、抵押權、典權等。就債權方面，則有租賃權等。而於土地法第 133 條則另有耕作權之準物權。有關權利之相關法律條文摘錄於「不動產權利之法律條文」中。

六、不動產經紀業管理條例

不動產經紀業管理條例第 4 條：「一、不動產：指土地、土地定著物或房屋及其可移轉之權利；房屋指成屋、預售屋及其可移轉之權利。二、成屋：指領有使用執照，或於實施建築管理前建造完成之建築物。三、預售屋：指領有建造執照尚未建造完成而以將來完成之建築物為交易標的之物。」

此條例主要是又將不動產中之房屋部分推及預售屋此項目。

七、不動產證券化條例

不動產證券化條例第 4 條規定，不動產指土地、建築改良物、道路、橋樑、隧道、軌道、碼頭、停車場及其他具經濟價值之土地定著物。

此條例則將只要具經濟價值之土地定著物皆包括於不動產之範疇，其意義與大法官解釋令釋字第 93 號應屬一致。

八、不動產權利之法律條文

1. 民法物權篇

民法第 773 條：土地所有權，除法令有限制外，於其行使有利益之範圍內，及於土地之上下，如他人之干涉，無礙其所有權之行使者，不得排除之。

民法第 832 條：稱普通地上權者，謂以在他人土地之上下有建築物或其他工作物為目的而使用其土地之權。

民法第 841-1 條：稱區分地上權者，謂以在他人土地上下之一定空間範圍內設定之地上權。

民法第 850-1 條：稱農育權者，謂在他人土地為農作、森林、養殖、畜牧、種植竹木或保育之權。農育權之期限，不得逾二十年；逾二十年者，縮短為二十年。但以造林、保育為目的或法令另有規定者，不在此限。

民法第 851 條：稱不動產役權者，謂以他人不動產供自己不動產通行、汲水、採光、眺望、電信或其他以特定便宜之用為目的之權。

民法第 860 條：稱普通抵押權者，謂債權人對於債務人或第三人不移轉占有而供其債權擔保之不動產，得就該不動產賣得價金優先受償之權。

民法第 881-1 條：稱最高限額抵押權者，謂債務人或第三人提供其不動產為擔保，就債權人對債務人一定範圍內之不特定債權，在最高限額內設定之抵押權。最高限額抵押權所擔保之債權，以由一定法律關係所生之債權或基於票據所生之權利為限。

基於票據所生之權利，除本於與債務人間依前項一定法律關係取得者外，如抵押權人係於債務人已停止支付、開始清算程序，或依破產法有和解、破產之聲請或有公司重整之聲請，而仍受讓票據者，不屬最高限額抵押權所擔保之債權。但抵押權人不知其情事而受讓者，不在此限。

民法第 911 條：稱典權者，謂支付典價在他人之不動產為使用、收益，於他人不回贖時，取得該不動產所有權之權。

2. 民法債篇

民法第 421 條：稱租賃者，謂當事人約定，一方以物租與他方使用收益，他方支
付租金之契約。

前項租金，得以金錢或租賃物之孳息充之。

3. 土地法之耕作權

土地法第 133 條：承墾人自墾竣之日起，無償取得所領墾地之耕作權，應即依法
向該管直轄市或縣（市）地政機關聲請為耕作權之登記。但繼
續耕作滿十年者，無償取得土地所有權。

前項耕作權不得轉讓。但繼承或贈與得為繼承之人，不在此
限。第一項墾竣土地，得由該管直轄市或縣（市）政府酌予免
納土地稅二年至八年。

4. 都市計畫容積移轉實施辦法

第 5 條　本辦法用詞，定義如下：

(1) 容積：指土地可建築之總樓地板面積。

(2) 容積移轉：指一宗土地容積移轉至其他可建築土地供建築使用。

(3) 送出基地：指得將全部或部分容積移轉至其他可建築土地建築使用之土地。

(4) 接受基地：指接受容積移入之土地。

(5) 基準容積：指以都市計畫及其相關法規規定之容積率上限乘土地面積所得
之積數。

5. 都市更新條例

第 3 條　本條例用詞，定義如下：

(1) 都市更新：指依本條例所定程序，在都市計畫範圍內，實施重建、整建或
維護措施。

(2) 更新地區：指依本條例或都市計畫法規定程序，於都市計畫特定範圍內劃
定或變更應進行都市更新之地區。

(3) 都市更新計畫：指依本條例規定程序，載明更新地區應遵循事項，作為擬
訂都市更新事業計畫之指導。

(4) 都市更新事業：指依本條例規定，在更新單元內實施重建、整建或維護事
業。

(5) 更新單元：指可單獨實施都市更新事業之範圍。

(6) 實施者：指依本條例規定實施都市更新事業之政府機關（構）、專責法人或機構、都市更新會、都市更新事業機構。

(7) 權利變換：指更新單元內重建區段之土地所有權人、合法建築物所有權人、他項權利人、實施者或與實施者協議出資之人，提供土地、建築物、他項權利或資金，參與或實施都市更新事業，於都市更新事業計畫實施完成後，按其更新前權利價值比率及提供資金額度，分配更新後土地、建築物或權利金。

估價的觀念

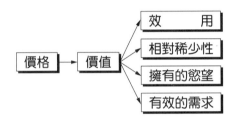

不動產估價中所指之「價」就最後結論之報告書而言應為一般所稱之價格，而價格的高低則大多由物之價值高低來決定，而價值的高低則又由多種因素所影響，茲就價值及價格之觀念說明如下。

九、價值

價值指在特定期間，不動產、財貨或勞務對購買者與出售者的重視程度。而形成價值的因素基本上有下列數種：

1. 效用

效用一般是指財貨與勞務對消費者產生滿足慾望的一種感受。對需求者效用的高低，產生對需求者之價值感受亦隨之增減。簡單來說，效用越高，價值越高；反之，效用越小，價值越低。

在古典經濟學中，一般皆以物之效用高低來衡量物之價值高低，但也產生如「鑽石與水之矛盾」，其原因在於對供給及需求之了解及調查在當時之時空皆也難以掌握及知悉，因此就價值的高低應再加入供給及需求之考慮方為妥適。

2. 相對稀少性

稀少性為財貨相對於需求數量之現在與預期的供給。一般說來，供給與需求形成甚大之差距時，且財貨數量相對稀少時，則此種財貨會形成較高之價值；反之，供給無限而需求有限時，則此種財貨較不具價值。

臺北市由於可建土地已相對稀少且需求強勁容易形成高價值，臺東花蓮之郊區土地則由於需求有限供給甚多價值相對較低。

3. 擁有的慾望

慾望是購買者為滿足人類需要或是超越生活基本需求之個人願望，而對財貨所產生的渴求。

不動產的價值往往會隨著需求者的擁有強度出現不同的價值感，需求者有時亦會隨著社會的需求趨勢而變化其擁有的慾望。當需求者擁有的慾望高時，其價值較高，反之亦然。

基本上若財貨雖有效用，且也有相對的稀少性，如太平洋中小島上之度假別墅皆有此特性，但對大多數人由於利用可能性較低，卻無法引起擁有的慾望，則其價值感就會落在少數有此擁有慾望的購買者，且對其價值的認知差異性極大，換言之，擁有的慾望強烈者，產生極高的價值感，擇標的物之價格必然甚高，故擁有的慾望實為價值的一大要素。

4. 有效的需求

有效需求是指個人或團體對某一財貨需求能有支付或購買的能力，此時方為有效需求，能使此類財貨形成較高價值。

簡單的說就是對一財貨除了有效用、相對稀少性、擁有的慾望外，還有一重要的因素就是要「買的起」，若財貨對購買者是有需求，但卻大多買不起，則成為非有效需求，此時對購買者就難以形成高價值感。

　　承前例，太平洋中小島上之度假別墅若需求者亦有擁有之慾望，但可能卻為其高價或高昂之維護費用（例如維修島上的一個衛浴設備可能都非一般水電工能完成，還得動用水上飛機或船舶方能完成）而無法成為有效需求。因此，有效需求者，方能有正確的價值感。

十、價格

　　價格係指在特定交易條件下，特定買方願意支付、特定賣方願意接受的移轉金額，以貨幣或其他財貨加以量化表現稱之。

　　在不動產估價技術規則第 6 條中規定：

　　不動產估價，應切合價格日期當時之價值。其估計價格種類包括正常價格、限定價格、特定價格及特殊價格。

　　故不動產價格有 4 種，茲說明如下：

1. 正常價格：指具有市場性之不動產，於有意願之買賣雙方，依專業知識、謹慎行動，不受任何脅迫，經適當市場行銷及正常交易條件形成之合理價值，並以貨幣金額表示者。

2. 限定價格：指具有市場性之不動產，在下列限定條件之一所形成之價值，並以貨幣金額表示者：
   (1) 以不動產所有權以外其他權利與所有權合併為目的。
   (2) 以不動產合併為目的。
   (3) 以違反經濟合理性之不動產分割為前提。

3. 特定價格：指具有市場性之不動產，基於特定條件下形成之價值，並以貨幣金額表示者。

4. 特殊價格： 指對不具市場性之不動產所估計之價值，並以貨幣金額表示者。

十一、估價

　　估價的定義應是估價價值的行為及程序，並具以估計或估算出最適價格。也可以說估價應為從估價標的的效用、相對稀少性、擁有的慾望、有效的需求方面，了解估價標的之價值，再以適當之價格條件及種類估計或估算出估價標的之最適價格。

不動產估價的觀念

十二、不動產估價的意義

　　所謂不動產估價，依不動產估價技術規則可整理其意義為：「係由不動產估價師或專業估價人員根據估價目的，遵循估價原則，依照估價程序，蒐集資料，分析影響不動產之價格因素，再運用適當的估價方法推估對象不動產之經濟價值，並以貨幣額表示之。」

　　據林英彥教授於其《不動產估價》第 10 版中則定義為：「所謂不動產估價，係依據影響不動產價值之各種資料，判定對象不動產之經濟價值，並以貨幣額表示之。換言之，是在社會上之一連串價格秩序中，指出估價對象不動產之價格或租金額之行為。」

　　中國大陸之「房地產估價規範」對不動產估價則定義為：「專業估價人員依據估價目的，遵循估價原則，按照估價程序，選用適宜的估價方法，並在綜合分析影響房地產價格因素的基礎上，對房地產在估價時點的客觀合理價格或價值進行估算和判斷的活動。」

十三、估價目的

　　估價目的一般是由委託者之目的需求來訂立，通常為買賣及抵押貸款最多，另外則也有租賃、徵收、分割、課稅、繼承、贈與、強制執行拍賣、保險、合建、投資、工程結算、訴訟等不同之估價目的。

十四、估價原則

　　主要影響不動產價格有以下所列之 12 項原則，其為不動產估價中最為重要之基礎，故列於第二章中加以詳細說明。

1. 供需原則。

2. 變動原則。

3. 預期原則。

4. 替代原則。

5. 最高最有效使用原則。

6. 均衡原則。

7. 收益遞增遞減原則。

8. 收益分配原則（剩餘生產力原則）。

9. 競爭原則。

10. 適合原則。

11. 貢獻原則。

12. 外部性原則不動產估價程序。

十五、不動產估價程序

依不動產估價技術規則第 8 條：

不動產估價作業程序如下：

1. 確定估價基本事項。

2. 擬定估價計畫。

3. 蒐集資料。

4. 確認勘估標的狀態。

5. 整理、比較、分析資料。

6. 運用估價方法推算勘估標的價格。

7. 決定勘估標的價格。

8. 製作估價報告書。

其各項說明詳如第四章

十六、影響不動產之價格因素

主要有以下三類因素，其詳細說明於第三章。

1. 一般因素

指對於不動產市場及其價格水準發生全面影響之自然、政治、社會、經濟等共同因素。

2. 區域因素

指影響近鄰地區不動產價格水準之因素。

3. 個別因素

指不動產因受本身條件之影響，而產生價格差異之因素。

十七、估價方法

依不動產估價技術規則所訂主要有四種方法，茲依規則說明如下，其詳細說明請參閱估價法各章。

1. 比較法

指以比較標的價格為基礎，經比較、分析及調整等，以推算勘估標的價格之方法。

依前項方法所求得之價格為比較價格。

其公式如下：

$$P_{勘估標的} = P_{比較標的} \times \frac{(情況調整)}{100} \times \frac{(價格日期調整)}{100} \times$$
$$\frac{(區域因素調整)}{100} \times \frac{(個別因素調整)}{100}$$

其中：

$P_{勘估標的}$：勘估標的之比較價格。

$P_{比較標的}$：比較標的之價格。

2. 收益法

收益法得採直接資本化法、折現現金流量分析等方法。

依前項方法所求之價格為收益價格。

直接資本化法，指勘估標的未來平均一年期間之客觀淨收益，應用價格日期當時適當之收益資本化率推算勘估標的價格之方法。

$$P_{收益價格} = \frac{a}{r}$$

其中：

　　a：房地年收益淨收益＝房地年有效總收入－房地年總費用。

　　r：房地年綜合收益資本化率。

3. 成本法

成本法，指求取勘估標的於價格日期之重建成本或重置成本，扣減其累積折舊額或其他應扣除部分，以推算勘估標的價格之方法。

依前項方法所求得之價格為成本價格。

建物估價以求取重建成本為原則。但建物使用之材料目前已無生產或施工方法已改變者，得採重置成本替代之。

重建成本，指使用與勘估標的相同或極類似之建材標準、設計、配置及施工品質，於價格日期重新複製建築所需之成本。

重置成本，指與勘估標的相同效用之建物，以現代建材標準、設計及配置，於價格日期建築所需之成本。

成本法之基本公式如下：

$$P_{房地價格} = X_{土地價格} + X_{建物重建（重置）價值} - 減價折舊修正額$$

其中：

　　$P_{房地價格}$：房地之成本價格。

　　$X_{土地價格}$：以比較法、收益法、土地開發分析法或其他方法推求之土地價格依
　　　　　　　　技術規則第 69 條推算之土地總成本。

4. 土地開發分析法

土地開發分析法，指根據土地法定用途、使用強度進行開發與改良所導致土地效益之變化，估算開發或建築後總銷售金額，扣除開發期間之直接成本、間接成本、資本利息及利潤後，求得開發前或建築前土地開發分析價格。

其公式如下：

$$P_{土地開發分析價格} = \left[S \div (1+r) \div (1+i) - (C+M) \right]$$

其中：

$P_{土地開發分析價格}$：土地開發分析價格。

S：開發或建築後預期總銷售金額。

r：適當之利潤率。

i：開發或建築所需總成本之資本利息綜合利率。

C：開發或建築所需之直接成本。

M：開發或建築所需之間接成本。

第二節　不動產估價的需求時機及不動產估價師的條件

不動產估價的需求時機

1. 金融機構不動產抵押擔保物之估價。

2. 公開發行公司不動產買賣交易之估價。

3. 法院民事執行處拍賣不動產之估價。

4. 法院民事糾紛有關土地分割、合併等之估價。

5. 都市更新權利變換前後不動產價值之估價。

6. 聯合開發有關政府、地主、投資者之權益價值估價。

7. 土地開發合建分配之權益價值估價。

8. 土地重劃前後地主權益價值估價。

9. 區段徵收地主分配抵價地估價。

10. 政府公共工程徵收地上改良物之估價。

11. 第 35 號公報中有關不動產之資產估價。

12. 政府公共工程土地徵收之估價。

13. 不動產證券化之不動產開發價值之估價。

14. 各項工程造價或鄰房損害之不動產價值減損之估價。

15. 土地使用分區變更前後之價值差異估價。

16. 會計作業對不動產以最近日期重新估價。

17. 企業購併對不動產價值之估價。

18. 企業投資以不動產作價入股之估價。

19. 各級政府公有不動產標售、買賣之估價。

20. 移民國外有關之不動產價值之估價。

21. 不動產權利（地上權、抵押權等）之估價。

22. 其他土地、建築改良物、農作改良物及其權利之估價。

不動產估價師證照條件

一、考試資格

中華民國國民具有下列資格之一者，得應本考試：

（一）公立或立案之私立專科以上學校或經教育部承認之國外專科以上學校畢業，領有畢業證書，曾修習不動產估價（理論）或土地估價（理論）及不動產估價實務二學科，及下列各領域相關課程，每領域至少一學科，每一學科至多採計三學分，合計至少六科十八學分以上，有證明文件：

1. 不動產法領域相關課程：包括土地徵收、規畫法規或都市（及區域）計畫法規或不動產開發與管理法、不動產法規或土地法規、租稅法或稅務法規或不動產稅（法）或土地稅（法）、不動產交易法規、不動產經紀法規、民法或民法概要或民法物權、土地登記（實務）、不動產估價法規或估價技術規則。

2. 土地利用領域相關課程：包括不動產開發或土地開發（與利用）或土地利用、土地使用計畫（與管制）或土地（分區）使用管制、都市計劃（概論）或區域及都市計畫（概論）、土地重劃或市地重劃或農地重劃、都市更新、建築法（規）或營建法（規）或建築技術規則、建築（學）概論或結構學、建築構造

（與施工）或建築設計或建築技術或基礎工程或鋼筋混凝土（設計及施工）、地籍管理、建築（改良）物估價、農作（改良）物估價、特殊土地估價、施工（與）估價或施工計畫與估價或工程估價或土木工程估價或營建工程估價。

3. 不動產投資與市場領域相關課程：包括不動產（經營）管理或土地（經營）管理或建築（經營）管理、不動產投資（與管理）、不動產市場或不動產市場分析或不動產市場研究或不動產市場調查與分析、不動產金融或土地金融、（不動產）財務分析、（不動產）財務管理、會計學、統計學。

4. 不動產經濟領域相關課程：包括不動產經濟分析或土地經濟（理論）與分析、經濟學或總體經濟學或個體經濟學、不動產經濟學或土地經濟學。

（二）公立或立案之私立專科以上學校或經教育部承認之國外專科以上學校不動產估價相當科、系、組、所、學程畢業，領有畢業證書。所稱相當科、系、組、所、學程係指其所開設之必修課程符合第一款規定，且經考選部審議通過並公告。

二、考試科目及命題大綱

1. 高考考試科目

(1) 普通科目：

A. 國文（作文與測驗）。作文占百分之六十，測驗占百分之四十。

(2) 專業科目：

A. 民法物權與不動產法規。

B. 土地利用法規。

C. 不動產投資分析。

D. 不動產經濟學。

E. 不動產估價理論。

F. 不動產估價實務。

前項應試科目之試題題型，除國文採申論式與測驗式之混合式試題外，其餘應試科目均採申論式試題。

2. 考試命題大綱

專門職業及技術人員高等考試不動產估價師考試各應試專業科目命題大綱

中華民國 93 年 3 月 17 日考選部選專字第 0933300433 號公告自 94 年 1 月起實施

中華民國 97 年 12 月調整格式及備註文字

中華民國 107 年 5 月 1 日考選部選專一字第 1073300799 號公告修正（修正「民法物權與不動產法規」、「土地利用法規」命題大綱）

中華民國 107 年 11 月 30 日考選部選專一字第 1073302283 號公告修正（修正「不動產估價實務」命題大綱）

專業科目數		共計 6 科目
業務範圍及核心能力		辦理土地、建築改良物、農作改良物及其權利之估價業務。
編號	科目名稱	命題大綱
一	民法物權與不動產法規	一、民法物權 　　民法物權編及其施行法 二、不動產法規 （一）不動產估價師法及其施行細則 （二）土地法及其施行法（第一編至第三編） （三）平均地權條例及其施行細則 （四）土地稅法及其施行細則 （五）不動產估價技術規則、地價調查估計規則及土地徵收補償市價查估辦法
二	土地利用法規	一、國土計畫法、區域計畫法及都市計畫法 （一）國土計畫法及其施行細則 （二）區域計畫法及其施行細則 （三）都市計畫法及其施行細則 （四）非都市土地使用管制規則 二、都市更新條例、土地徵收條例及其相關法規 （一）都市更新條例及其施行細則 （二）土地徵收條例及其施行細則 （三）都市計畫容積移轉實施辦法 （四）區段徵收實施辦法及市地重劃實施辦法

編號	科目名稱	命題大綱
三	不動產投資分析	一、基本理論 （一） 不動產特性與市場分析 （二） 不動產投資分析程序 （三） 不動產投資財務可行性分析 （四） 現金流量折現分析 （五） 風險分析 （六） 不動產投資與融資、稅務、通貨膨脹 二、不動產投資應用 （一） 不動產投資組合 （二） 住宅及商用不動產投資分析 （三） 不動產證券化 （四） 不動產信託
四	不動產經濟學	一、基本理論 （一） 不動產經濟概論 （二） 不動產市場供給 （三） 不動產市場需求 （四） 不動產租金與價格 （五） 地價理論 二、土地與不動產 （一） 土地使用與區位 （二） 土地使用規劃與管制 （三） 公共財及財產權 三、不動產經濟應用 （一） 不動產稅賦 （二） 不動產管理

編號	科目名稱	命題大綱
五	不動產估價理論	一、估價原理及基本概念 （一） 形成不動產價格之因素及原則 （二） 不動產估價程序 （三） 估價方法 （四） 路線價估價 （五） 大量估價 二、各種估價 （一） 房地估價 （二） 土地改良物估價 （三） 不動產租金與權利價值之評估 （四） 宗地估價 （五） 高層建築物估價
六	不動產估價實務	一、總論 （一） 市場價值之評估基礎 （二） 非市場價值之評估基礎 （三） 估價報告書之製作 （四） 估價師之行為規範 二、各論 （一） 實質財產估價 （二） 租賃利益估價 （三） 廠房、機械、設施估價 （四） 無形資產估價 （五） 動產估價 （六） 企業估價 （七） 估價標的中有害及有毒物質之考量 （八） 含文化資產之不動產估價 （九） 農業財產估價 （十） 特殊性財產（如高爾夫球場、大飯店、遊樂場、公共設施用地及公共設施保留地等）估價 （十一） 財產稅目的之大量估價

編號	科目名稱	命題大綱
六	不動產估價實務	（十二）　都市更新權利變換估價 （十三）　土地徵收補償價估價 （十四）　土地重劃估價 （十五）　基地持分價值評估 （十六）　土地分割、合併、交換估價 （十七）　權利價值評估 （十八）　基準地估價 （十九）　不動產證券化目的估價 （二十）　估價報告書審查
備註		表列各應試科目命題大綱為考試命題範圍之例示，惟實際試題並不完全以此為限，仍可命擬相關之綜合性試題。

三、及格標準

　　本考試及格方式，以應試科目總成績滿六十分及格。

　　前項應試科目總成績之計算，以普通科目成績加專業科目成績合併計算之。其中普通科目成績以國文成績乘以百分之十計算之；專業科目成績以各科目成績總和除以科目數再乘以所占剩餘百分比計算之。

　　本考試應試科目有一科目成績為零分或專業科目平均成績未滿五十分者，均不予及格。缺考之科目，以零分計算。

第三節　不動產估價技術規則之用詞定義

一、正常價格

　　指具有市場性之不動產，於有意願之買賣雙方，依專業知識、謹慎行動，不受任何脅迫，經適當市場行銷及正常交易條件形成之合理價值，並以貨幣金額表示者。

二、限定價格

　　指具有市場性之不動產，在下列限定條件之一所形成之價值，並以貨幣金額表示者：

1. 以不動產所有權以外其他權利與所有權合併為目的。

2. 以不動產合併為目的。

3. 以違反經濟合理性之不動產分割為前提。

三、特定價格

　　指具有市場性之不動產，基於特定條件下形成之價值，並以貨幣金額表示者。

四、特殊價格

　　指對不具市場性之不動產所估計之價值，並以貨幣金額表示者。

　　從以上條文可知要分辨不動產之價格，應得先了解其是否有市場性，若其非具市場性，就應歸類於特殊價格，再者，須觀察其價格之判斷決定是否有任何限定條件，若有符合限定價格之三項條件即為限定價格，若為其他特定條件即為特定價格，否則應為正常價格。

想想看

　　若某一道路旁土地經調查其正常單價為每坪 5 萬，如右圖有土地 A、B、C 分別為寬 3M、2M、5M，深 20M，因 A、B 兩地臨路寬度較窄，經調查其正常價格分別為每坪 3 萬、2 萬、5 萬，問若 B 地欲出賣時，A 理論上之最高合理購入單價為多少？

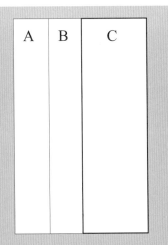

提示：

B 單價 ＝（(A+B)總價－(A)總價）／B 面積

　　　　＝ (5 萬×5M×20M×0.3025 － 3 萬×

　　　　　　3M×20M×0.3025)/(2M×20M×0.3025)

　　　　＝ 8 萬／坪

「限定價格」一般皆用於合併分割的情況，其實就其定義應是只要有相對於正常情況而有限定條件時皆可適用。譬如若某大專院校欲拓展其學校用地，其目標當然是其鄰接地能讓學校有較佳用途，而在此時就學校與其鄰接地之不動產買賣價格可能就可以「限定價格」視之。其原因是緊鄰學校之不動產價格相對於其他購買者皆無任何超值條件，其他購買者可選擇學校鄰接不動產也可選擇其他效用相近但非鄰接學校之不動產，故此時此鄰接學校之不動產對其他購買者應為「正常價格」，但對學校而言則可視為「限定價格」，綜使學校之鄰接地雖然也非獨一無二之賣方，但對學校而言賣方皆會對學校有所一定的「期待」，故「限定價格」因此產生。

同理可證，當土地之買賣於分割及合併之情況時，由於對買賣雙方皆有可能產生較高之效用或利益，且若是共有人之分割又有其特殊之「限定」條件，故其成交價格一般來說皆非「正常價格」而應以「限定價格」視之為當。

五、正常租金

指具有市場性之不動產，於有意願之租賃雙方，依專業知識、謹慎行動，不受任何脅迫，經適當市場行銷及正常租賃條件形成之合理租賃價值，並以貨幣金額表示者。

六、限定租金

指基於續訂租約或不動產合併為目的形成之租賃價值，並以貨幣金額表示者。

七、價格日期

指表示不動產價格之基準日期。

由於不動產估價可估計過去、現在、未來之價格，因此在不動產估價金額必定要有其對應之價格日期。

八、勘察日期

指赴勘估標的現場從事調查分析之日期。

從其定義上應知勘查日期當在估價委託日至估價報告書完成日之間，一般勘查日期可以一特定日期表示，但若勘查日期需達數次或數日，亦可以勘查起始日至勘查完成日來表示。

九、勘估標的

指不動產估價師接受委託所估價之土地、建築改良物（以下簡稱建物）、農作改良物及其權利。

十、比較標的

指可供與勘估標的間，按情況、價格日期、區域因素及個別因素之差異進行比較之標的。

從比較法之公式可了解勘估標的及比較標的之關係：

$$P_{勘估標的} = P_{比較標的} \times \frac{(情況調整)}{100} \times \frac{(價格日期調整)}{100} \times \frac{(區域因素調整)}{100} \times \frac{(個別因素調整)}{100}$$

十一、同一供需圈

指比較標的與勘估標的間能成立替代關係，且其價格互為影響之最適範圍。

同一供需圈之範圍為不動產估價師搜尋比較標的之極為重要指標，當同一供需圈越小，則比較標的與勘估標的間之替代關係較強，且其價格之影響性較強，故其所推估出來的不動產價格信賴度較高，反之亦同。故優秀的不動產估價師應該以能達到比較標的與勘估標的間能成立替代關係且其價格互為影響之條件下，盡量縮小同一供需圈之範圍，已達推估價格之可靠性。

十二、近鄰地區

指勘估標的或比較標的周圍，供相同或類似用途之不動產，形成同質性較高之地區。

十三、類似地區

指同一供需圈內，近鄰地區以外而與勘估標的使用性質相近之其他地區。

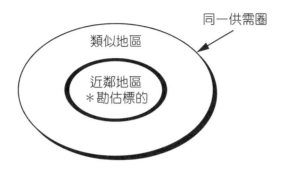

十四、一般因素

指對於不動產市場及其價格水準發生全面影響之自然、政治、社會、經濟等共同因素。

十五、區域因素

指影響近鄰地區不動產價格水準之因素。

十六、個別因素

指不動產因受本身條件之影響，而產生價格差異之因素。

十七、最有效使用

指客觀上具有良好意識及通常之使用能力者，在合法、實質可能、正當合理、財務可行前提下，所作得以獲致最高利益之使用。

不動產估價原則

第一節　供給需求原則

第二節　變動原則

第三節　預期原則

第四節　替代原則

第五節　最高最有效使用原則

第六節　均衡原則

第七節　收益遞增遞減原則

第八節　收益分配原則（剩餘生產力原則）

第九節　競爭原則

第十節　適合原則

第十一節　貢獻原則

第十二節　外部性原則

不動產估價所運用之各式各樣技巧及方法，其實皆因不動產的特性而架構在本章所探討之不動產估價原則。換言之，不動產估價師在作不動產估價之價格決定及價格因素選取或估價方法選擇皆須先考慮到不動產的估價原則，以免價格有所失當或錯誤。

第一節　供給需求原則

雖然不動產市場並非完全競爭市場，且不動產間之替代性也非完全，但供給與需求的數量多寡仍然會反映出買賣雙方之力道強度。一般說來，當供給過剩時會形成買方市場，價格不易高漲；反之，若需求強勁時，則不動產價格常會出現追價的情形。

簡言之，不動產之供給增加且需求減少時，價格會下跌；相反的，不動產之供給減少且需求增加時，價格會上漲。

而有關供給及需求的相關名詞解釋如下：

不動產的供給

其他條件不變下，特定期間與特定市場內，某類型不動產在不同價格可供出售或出租之數量。

不動產的需求

其他條件不變下，特定期間與特定市場內，某類型不動產在不同價格被需求者希望購買或承租之數量。

供給原則

就生產者而言，不動產價格上升，則生產者之供給增加以獲得更多之收益。

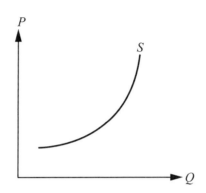

需求原則

就消費者而言，不動產價格越低，則消費者之購買數量越增。

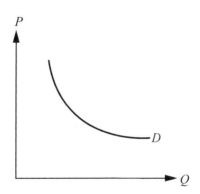

供需均衡

　　當供給者與需求者就某一不動產的價格高低達到均衡狀況時，此時即供給曲線及需求曲線形成相交，達到一均衡價格及一均衡數量。如下圖中之 Pe 即為均衡價格，Qe 即為均衡數量。

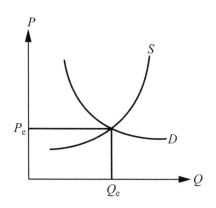

　　對不動產而言，於民國 82、83 年時政府宣布即將全面實施容積率，使得建商一片搶照、搶建，唯恐實施容積率後降低了大量的可售建坪，結果造成不動產供給大量增加，又由於臺灣之住宅自有率早已甚高，出生率更是節節下降，需求沒有增加之傾向，故造成不動產之價格全面下滑。

第二節　變動原則

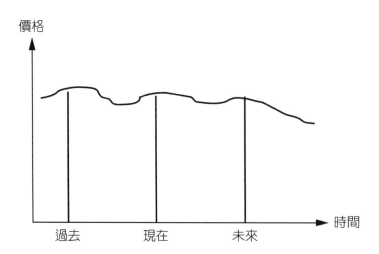

　　由於影響不動產的價格因素甚多，且就估價而言其估算之不動產價格日期可為過去，亦可為現在，甚至可為未來。而在其不同的價格日期而對應出不同的價格，就是因為不動產的價格會隨著不同的時空條件而持續不斷的變動，其原因主要有一般因素中之自然、社會、政治、經濟本來就有動態本質，且不動產中之建築物更是一定會隨著使用時間的長短，造成一定程度的實體、功能、經濟上的減價折舊。

　　變動原則應用於各主要估價方法的公式中甚為顯著，於比較法就有一項價格日期調整，於成本法中則有減價折舊之調整，於收益法則亦應用於收益、費用及資本化率的變動事實。

舉例說明

　　臺北捷運還沒營運之前，淡水捷運站之商圈與今日完工營運來比，對此區域不動產之價值非常明顯，主要就是捷運此重大投資改變了人們對此區域的「時間距離」，以往到達淡水的交通時間與今日搭乘捷運來比改善甚多，故住宅的購買需求為之提高，又因人口多，消費多，商圈多，人口更多形成進化循環，故住宅及商店之價格自然節節上升，也形成現今淡水商圈之新貌。

第三節　預期原則

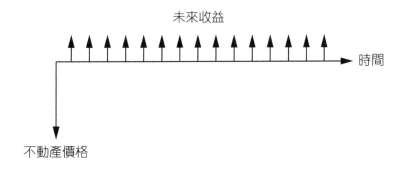

未來收益

時間

不動產價格

　　由於不動產的價格往往取決於需求者對其未來預期的利益，故預測原則影響不動產估價甚鉅。收益法之基本理念主要就是架構在不動產的未來收益、未來資

本化率、可收益期間長短之預測。不動產證券化條例所規定之不動產資產信託計畫，亦以預期收益為其評價方法之主要基礎。

　　前面變動原則中所舉淡水捷運站之實例其實於預測原則中也一樣影響了投資者對不動產價格之認知。如前例就因為臺北捷運的經驗值，使的最近施工中之高雄捷運站出口區域形成不錯之價格上漲預期，在購買者以臺北捷運站對房價影響下的預期效應應用到高雄捷運來。

　　臺灣特有之預售屋制度則更能表現出預期原則對不動產價格影響的現象。往往預售屋的價格都會比新成屋的價格貴上一截，其主要的理由大多由於購買者相信代銷業所包裝之產品，皆能擁有其「預期」之較高房地品質，不管其所說之「利多」因素（如捷運站設置通車、公園開闢、計畫道路開通拓寬等）到底是何時實現，「預期」的價值卻能對不動產之價格產生甚大之推力。

第四節　替代原則

　　當購買者有購買需求的時候，當然希望以最低價格取得最高效用之不動產，故若於同一供需圈中有效用相當之若干不動產時，購買者會依其替代原則，購買價格最低之不動產。

　　替代原則廣泛應用於不動產估價之估價法，茲分述如下：

比較法

不動產估價技術規則第 18 條：

　　比較法，指以比較標的價格為基礎，經比較、分析及調整等，以推算勘估標的價格之方法。

　　依前項方法所求得之價格為比較價格。

其公式可表示如下：

$$P_{勘估標的} = P_{比較標的} \times \frac{(情況調整)}{100} \times \frac{(價格日期調整)}{100} \times$$
$$\frac{(區域因素調整)}{100} \times \frac{(個別因素調整)}{100}$$

其中：

    $P_{勘估標的}$：勘估標的之比較價格。

    $P_{比較標的}$：比較標的之價格。

    故從其定義及公式中了解若以比較法來推算勘估標的之價格，實以替代效果為原則，認為若知比較標的之價格時，可依比較標的及勘估標的間之「替代差異」進行情況、價格日期、區域因素、個別因素調整，以推求得勘估標的之比較價格。

成本法

不動產估價技術規則第 48 條：

    成本法，指求取勘估標的於價格日期之重建成本或重置成本，扣減其累積折舊額或其他應扣除部分，以推算勘估標的價格之方法。

    依前項方法所求得之價格為成本價格。

    建物估價以求取重建成本為原則。但建物使用之材料目前已無生產或施工方法已改變者，得採重置成本替代之。

    重建成本，指使用與勘估標的相同或極類似之建材標準、設計、配置及施工品質，於價格日期重新複製建築所需之成本。

    重置成本，指與勘估標的相同效用之建物，以現代建材標準、設計及配置，於價格日期建築所需之成本。

$$P_{房地價格} = X_{土地價格} + X_{建物重建（重置）價值} - 減價折舊修正額$$

其中：

    $P_{房地價格}$：房地之成本價格。

    $X_{土地價格}$：以比較法、收益法、土地開發分析法或其他方法推求之土地價格依

             技術規則第 69 條推算之土地總成本。

從成本法之定義及公式中可知，建物之估價實以效用為主要之考量，故雖以重建成本為原則，但亦可以重置成本「替代」之。在不動產估價技術規則中之推算營造及施工費之間接法也說明了是以「比較、替代」為基礎，來推算出勘估標的之營造及施工費。其相關條文如下：

不動產估價技術規則第 54 條：

勘估標的之營造或施工費，得按下列方法擇一求取之：

1. 直接法：指就勘估標的之構成部分或全體，調查其使用材料之種別、品級、數量及所需勞力種別、時間等，並以勘估標的所在地區於價格日期之各種單價為基礎，計算其營造或施工費。

2. 間接法：指就同一供需圈內近鄰地區或類似地區中選擇與勘估標的類似之比較標的或標準建物，經比較與勘估標的營造或施工費之條件差異並作價格調整，以求取勘估標的營造或施工費。

不動產估價技術規則第 56 條：

1. 工程造價比較法：指按工程概算項目逐項比較勘估標的與比較標的或標準建物之差異，並依工程價格及工程數量比率進行調整，以求取勘估標的營造或施工費。

2. 單位面積（或體積）比較法：指以類似勘估標的之比較標的或標準建物之單位面積（或體積）營造或施工費單價為基礎，經比較並調整價格後，乘以勘估標的之面積（或體積）總數，以求取勘估標的營造施工費。

前項所稱標準建物，指按營造或施工費標準表所營造或施工之建物。前項營造或施工費標準表應由不動產估價師公會全國聯合會（以下簡稱全聯會）按不同主體構造種類及地區公告之。未公告前，應依直轄市或縣（市）政府發布地價調查用建築改良物標準單價表為準。

故從以上不動產估價技術規則之說明了解「替代」原則應用於成本法之重要性。

收益法

不動產估價技術規則第 28、29 條：

　　收益法得採直接資本化法、折現現金流量分析法等方法。

　　依前項方法所求得之價格為收益價格。

　　直接資本化法，指勘估標的未來平均一年期間之客觀淨收益，應用價格日期當時適當之收益資本化率推算勘估標的價格之方法。

　　在收益無限期間時之收益價格公式如下：

$$P_{收益價格} = \frac{a}{r}$$

　　在收益有限期間時之收益價格公式如下：

$$P_{收益價格} = \frac{a}{r} \times \left[1 - \frac{1}{(1+r)^n} \right] = \frac{a}{r} \times \frac{(1+r)^n - 1}{(1+r)^n}$$

其中：
　　a：房地年收益淨收益＝房地年有效總收入－房地年總費用。
　　r：房地年綜合收益資本化率。
　　n：房地可收益之年數。

不動產估價技術規則第 35 條：

　　收益法估價應蒐集勘估標的及與其特性相同或相似之比較標的最近三年間總收入、總費用及收益資本化率或折現率等資料。

　　前項蒐集最近三年間之資料有困難時，應於估價報告書中敘明。

　　蒐集第一項資料時，應就其合理性進行綜合研判，以確定資料之可用性，並得依其持續性、穩定性及成長情形加以調整。

　　前條蒐集總收入資料，得就其不動產之租金估計之，以確認總收入資料之合理性。

不動產估價技術規則第 43 條：

收益資本化率或折現率應於下列各款方法中，綜合評估最適宜之方法決定：

一、風險溢酬法：收益資本化率或折現率應考慮銀行定期存款利率、政府公債利率、不動產投資之風險性、貨幣變動狀況及不動產價格之變動趨勢等因素，選擇最具一般性財貨之投資報酬率為基準，比較觀察該投資財貨與勘估標的個別特性之差異，並就流通性、風險性、增值性及管理上之難易程度等因素加以比較決定之。

二、市場萃取法：選擇數個與勘估標的相同或相似之比較標的，以其淨收益除以價格後，以所得之商數加以比較決定之。

三、加權平均資金成本法：依加權平均資金成本方式決定，其計算式如下：

$$收益資本化率或折現率 = \sum_{i=1}^{n} w_i k_i$$

其中：

w_i：第 i 個資金來源占總資金成本比例，$\sum_{i=1}^{n} w_i = 1$。

k_i：為第 i 個資金來源之利率或要求報酬率。

四、債務保障比率法：依債務保障比率方式決定，其計算式如下：

收益資本化率或折現率
＝債務保障比率×貸款常數×貸款資金占不動產價格比率

五、有效總收入乘數法：考量市場上類似不動產每年淨收益占每年有效總收入之合理淨收益率，及類似不動產合理價格除以每年有效總收入之有效總收入乘數，以下列公式計算之：

收益資本化率或折現率＝淨收益率／有效總收入乘數

收益資本化率或折現率之決定有採取其他方法計算之必要時，應於估價報告書中敘明。

從其相關條文可知以收益法推算收益價格時應先推求得房地收益淨收益、房地之綜合收益資本化率及房地可收益年數，而要求得以上各值卻是以效用可「替

代」之比較標的相關資料來作為推算基礎，因此收益法亦是以「替代」為其主要原則。

土地開發分析法

土地開發分析法之公式為

$$P_{土地開發分析價格} = \left[S \div (1+r) \div (1+i) - (C+M) \right]$$

其中：

$P_{土地開發分析價格}$：土地開發分析價格。

S：開發或建築後預期總銷售金額。

r：適當之利潤率。

i：開發或建築所需總成本之資本利息綜合利率。

C：開發或建築所需之直接成本。

M：開發或建築所需之間接成本。

從公式中可知，由於所求得之 $P_{土地開發分析價格}$ 應為土地開發前之土地開發分析價格，因此，有關公式中之 S、C、M 皆都以最高最有效分析後之「替代」銷售金額或開發成本來計算，換句話說 S：開發或建築後預期總銷售金額是以比較法或收益法「替代」比較標的求的，而 C：開發或建築所需之直接成本及 M：開發或建築所需之間接成本則由成本法之間接法「替代」求得。

第五節 最高最有效使用原則

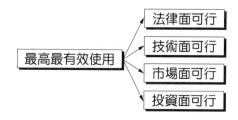

由於土地或不動產的利用牽涉到使用人的特定需求或目的，往往可能會低度使用、違規使用、閒置不用等狀況，若只依其現況用收益法之觀點來估算其價格就會產生同一勘估標的物會有甚大之差異，甚至可能造成估算出來之收益價格為負數亦有可能，這就產生不合理之現象，故在估算一勘估標的物時，一定先得檢視其目前之使用是否以達「最高最有效」之狀態，以便達到此勘估標的之較適價格。

因此勘估標的若為空地，估價師即可假設該地之最高最有效之狀況，推算出該地之適當價格。同理，當勘估標的若已有建築改良物，則估價師亦應檢討其已存在之改良物是否是最高最有效使用，若有則依現況估價，否則應假設拆除該建築物而重新建築作最高最有效使用該地。若其效用價值高於重新建築及拆除舊建築物等之相關費用，則應以新利用估價，反之，則以現況估價。

不動產估價技術規則第 2 條第 17 款：

最有效使用：指客觀上具有良好意識及通常之使用能力者，在合法、實質可能、正當合理、財務可行前提下，所作得以獲致最高利益之使用。

故最高最有效使用應可定義為：

空地或有建築改良物之不動產在法律面可行、技術面可行、市場面可行、投資面可行之可能狀況下，所形成之最高價值之不動產利用狀況。

而以上所列之各項可行性分析分述如下：

法律面可行

所有的最高最有效使用情況，估價師都一定要注意到各種法律上的許可。因為在土地或建築改良物的使用強度上，如使用分區、建蔽率、容積率、建築高度限制、環境影響評估等相關限制不動產開發強度的法令皆影響不動產之最高最有效使用。

茲列舉對不動產估價較重要之相關法規如下：

一、地政類

1. 土地法。

2. 平均地權條例及平均地權條例施行細則。

3. 土地登記規則。

4. 不動產估價技術規則。

5. 地價調查估計規則。

6. 土地建築改良物估價規則。

7. 土地稅法及其施行細則。

8. 房屋稅條例。

9. 契稅條例。

二、計畫及管制類

1. 區域計畫法及其施行細則。

2. 都市計畫法及其施行細則。

3. 都市計畫公共設施用地多目標使用方案。

4. 非都市土地使用管制規則。

5. 非都市土地開發影響費徵收辦法。

6. 農地重劃條例及其施行細則。

7. 市地重劃實施辦法。

8. 環境影響評估法及其施行細則。

9. 水土保持法。

10. 山坡地保育利用條例及其施行細則。

11. 農業發展條例及其施行細則。

12. 新市鎮開發條例及其施行細則。

13. 都市更新條例及其施行細則。

14. 都市更新權利變換實施辦法。

15. 都市更新建築容積獎勵辦法。

16. 都市計畫容積移轉實施辦法。

三、建築類

1. 建築法。

2. 建築技術規則。

3. 臺北市、高雄市、臺灣省建築管理規則。

4. 山坡地開發建築管理辦法。

四、其他類

1. 國有財產法。

2. 公有土地經營及處理原則。

3. 各相關土地法規。

技術面可行

　　對不動產的使用強度雖然就法律面檢討為可行後，仍應考慮到建築條件及建築技術面的可行性，簡單的說就是得「蓋得起來」。

 舉例說明

　　譬如在未實施容積管制之前，都市土地的可建容積大多是以面前道路的寬度作為其計算總量之標準，而有些面臨較大馬路的土地，經過適當的調整，往往能夠蓋成超高大樓，若先不論其市場面之可行性，這還是先需考量其建築技術面之可行性，因為這牽涉如該地點之土壤承載力、地震相關歷史分析、電梯技術、灌漿技術等超高層建築物需考慮之各項技術及分析，若以現今技術上尚難以達成或未成熟之技術，則估價師應捨棄此種最高最有效使用之狀況為宜。

市場面可行

就「最高」土地利用狀況下有時候卻不見的「最有效」，因為當最高的利用時，往往會有最大的供給，但其價格卻不見的能為市場所接受，簡單的說就是得「賣得出去」。

舉例說明

高雄之 85 大樓實為最高容積率之土地利用，但是由於其所規劃推出之產品如飯店、百貨公司、辦公大樓、商務套房等，卻未如建商當時寄望三通後之強烈需求，反而因高雄此類產品大多供過於求而造成難以經營及去化。因此，85 大樓雖然能達法律面可行、技術面可行，卻在市場面可行此方面無法成立，終究無法達到當時推案者心中之最高最有效之境。

投資面可行

任何不動產投資皆須架構在能獲利經營下才有其可行性，我們先從收益法的公式來說明：

在收益無限期間時之收益價格公式如下：

$$P_{收益價格} = \frac{a}{r}$$

在收益有限期間時之收益價格公式如下：

$$P_{收益價格} = \frac{a}{r} \times \left[1 - \frac{1}{(1+r)^n} \right]$$

其中：

a：房地收益淨收益＝房地有效總收入－房地總費用。

r：房地綜合收益資本化率。

n：房地可收益之年數。

從以上公式知，若要不動產在最高最有效使用狀況，而假設房地綜合收益資本化率為定值，應即是最大化房地收益淨收益，所以可將公式寫成：

$$Max(a)= Max（房地收益淨收益）$$
$$= Max（房地有效總收入 - 房地總費用）$$
$$= Max（房地有效總收入）- Min（房地總費用）$$

因此最高最有效使用不只是最大化房地有效總收入，而應考慮淨收益之最大化，即最大化房地有效總收入的同時需最小化其相對之總費用，估價師即是推論出其最大化淨收益，且為正數時為其最高最有效之使用。而在推算總收入及總費用時其實就是在作投資面之可行性分析，估價師應客觀及審慎推估之，簡單的說就是得「能到銀行借的到錢」。

承前例，高雄 85 大樓其實可能就是為做到「最高」之效用，卻使得其相對造價費用就如同其樓高般「造價驚人」，結果在其銷售單價上無法如其樓高拉抬的狀況下，造成其淨收益成為負數，使得投資人無法實現預定的獲利，也就成了「最高」非「最有效」之狀況。

第六節　均衡原則

　　從經濟學的角度來看，不動產之價格受生產的四大要素—土地、勞力、資本、企業家經營能力的影響。而四大生產要素的均衡投入方可創造出不動產之最高最有效使用，也就是在均衡投入生產四大要素時方可造就不動產之最高價格。換言之，若勘估標的之要素投入，顯然失去均衡，往往會使其失去應有之價值。

　　由於四大要素之投入量皆為不動產之「內部」要素，故均衡原則為「內部性」原則之一種。

 **舉例說明**

　　若有一不動產位於捷運站旁，區位非常適合做商業及住宅使用，結果卻只蓋了一間低矮之加強磚造之平房，且用來經營修理腳踏車，則此現象可判定為高昂之土地不均衡的配入低資本的經營，必定會造成不動產之價格難以發揮其最高最有效使用之境界!!

第七節　收益遞增遞減原則

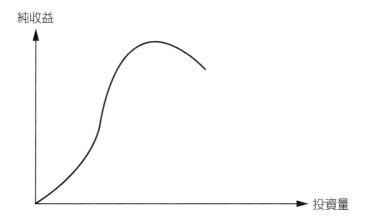

　　收益遞增遞減原理是指在某一投資量定點前，生產者之純收益是隨著投資量的增加而遞增的，但到達該定點時，純收益（或產值）即達最高限度，而超過該定點後，其純收益（或產值）反而不會隨投資量增加而增加，反而會因不當的投資而遞減稱之。

於農地利用時，肥料之使用度應該依合理情況施加於農地，則在合理比例前，農作物生產量應會隨肥料之投施量遞增而成比例遞增，但當肥料之投施量超過合理比例後，則由於過度的肥料使用，反而會使農作物生產量遞減。

於建地利用時，土地開發者往往皆會以將土地之法定容積率用完為基本原則來設計，但卻忽略了建物的造價應是會隨著建物高度及深度之提高而增加。在一定高度前不動產之銷售單價往往能隨投資量之增加而增加，但超過一定高度後，不動產之銷售單價增量卻可能不及於投資量之增量，值此之後，淨收益則不增反減。前例 85 大樓即為一個明顯的例子。

第八節　收益分配原則（剩餘生產力原則）

$$\boxed{土地}=\boxed{總收益}-\boxed{資本}-\boxed{勞力}-\boxed{企業家}$$

收益分配原則又稱剩餘生產力原則，簡單的說即為收益「減法」原則。由於不動產的收益應可歸類於土地、勞力、資本、企業家經營能力四項生產要素組合而成，而土地產生地租，勞力產生工資，資本產生利息，企業家經營產生利潤，而以上四項收益之和應為不動產之總收益。故從數理上之推導及分配，可得土地之收益分配應為不動產之總收益扣除資本、勞力、企業家經營之收益。

在土地開發分析法之公式中，可明顯的看出其基本架構為運用收益分配原則。

$$P_{\text{土地開發分析價格}} = \left[S \div (1+r) \div (1+i) - (C+M) \right]$$

其中：

$P_{\text{土地開發分析價格}}$：土地開發分析價格。

S：開發或建築後預期總銷售金額。

r：適當之利潤率。

i：開發或建築所需總成本之資本利息綜合利率。

C：開發或建築所需之直接成本。

M：開發或建築所需之間接成本。

可視為

土地收益＝不動產之總收益－企業家經營利潤收益－資本利潤收益
　　　　　－勞力收益

第九節　競爭原則

競爭來自於二個以上之買方或賣方間，為取得或出售商品而進行之互動努力，其出發點大都為利潤之取得、市場之占有。

就不動產價格或租金而言，競爭的強弱度影響其價格及租金甚鉅。當不動產競爭狀況甚弱時，有可能獲至甚高之超額利潤，不動產之收益或租金在此區域可能超越正常利潤，反之，若競爭甚為激烈，則可能甚至成為毀滅性之價格破壞，而使不動產之價格或租金嚴重下滑。

當然，競爭狀況會隨著供給需求之變動而改變，故不動產估價師在調查競爭狀況時，也應確實掌握同一供需圈內之供需情形，以作適當之價格分析。

**舉例說明**

　　墾丁之度假飯店經過這幾年業者之大力開發，供給狀況已趨飽和，所以房價已不若以往供給市場主導之高房價時代，但除夏都飯店外，其餘飯店都無法擁有直接鄰接海灘之盛景及便利性。

　　因此，雖然就「供需原則」來思考，夏都飯店也會面臨供給過剩之狀況，但其獨占之鄰接海灘優勢，卻能使它在「競爭原則」下脫穎而出，故能保持高房價高超額利潤之狀況。

第十節　適合原則

　　適合原則是指不動產與其外部環境適合匹配，方可發揮其最高價值，因此可說是一「外部」原則。

　　另外，「進化」的環境因素會使較低價值不動產之價格提升，而「退化」的環境因素亦會使高價值不動產之價格為之下滑。

舉例說明

　　若於墳墓區旁蓋設高級別墅，由於外部環境不適合，一定會使得整體不動產價格難以表現。

　　學校旁開設書局，醫院旁開設藥局，則因環境適合，可使不動產之價格揚升。

第十一節　貢獻原則

　　不動產之價值其實是架構在不動產各部份組成之貢獻總和，也就是說不動產的價格是為其各部分價值加總而成，也可說是一種「加法」原則。基本上，成本法實為貢獻原則之一種估價表現。但各項投入的成本，其貢獻的增加卻不一定相等，增加一單位之投入，整體價值之增加可能大於或小於一單位投入成本，這得視供需、適合、競爭等原則而定。

舉例說明

　　任何一棟建物應為其內所包括之各種建築原件所構成，所以一棟建物之價值實為各元件之價值總和，簡單說，建物價值應為將每個建築原件分解，再就其每個元件的現有價值「貢獻」一一加總而成。

　　成本法中的單位工程法也就是應用此原則，將建物分解成不同的單位工程項目，依其各種對建物的貢獻而產生之價值，加總而成。

第十二節　外部性原則

　　諾貝爾獎之寇斯定理(Coase Theorem)中曾提到「外部成本內部化」之概念，意思是指，外部的環境亦可能會因「外部性」的影響而形成本身之成本增加，進而影響本身之淨收益的大小。

　　就不動產而言，外部環境的影響除了前面所提之適合原則外，其有可能產生「外部性」的各項設施，是會影響近鄰不動產之價格的，如嫌惡設施的設置，必會對不動產價格產生負面影響。

舉例說明

　　若某地設有垃圾處理廠後，由於垃圾車必得運送垃圾至此處處理，因此必然對其經過路線之住宅或店鋪產生「外部性」影響，且處理場又會有嫌惡之氣味持續飄出，當然會使附近之不動產價格造成下滑之影響。所以，政府當要設置此類「嫌惡」設施，當然就得先行編列「敦親睦鄰」等相關預算，用以補貼附近居民不動產等之損失，對政府而言即為「外部成本內部化」之情況。

影響不動產價格的因素分析

第一節　一般因素
第二節　區域因素
第三節　個別因素

第一節　一般因素

　　一般因素：指對於不動產市場及其價格水準發生全面影響之自然、政治、社會、經濟等共同因素。

自然條件

　　又稱為環境條件，包括地震帶、地勢、地質、地形、地盤、土壤、土層、氣象等自然環境的條件。

舉例說明

1. 地震帶：

　　921 地震後，購屋者「談震色變」，所以位於斷層帶或承載力差之土地，價值大幅下滑，且國家也將全國之耐震區強度係數重新制定，對於土地開發者之建造成本相對增加，因此，對於耐震較差之不動產價格影響甚鉅。

2. 地勢、地質、地形、地盤、土壤、土層：

　　林肯大郡之山坡地崩塌事件，造成購屋者對山坡地開發及順向坡建造之疑慮，丙種建築用地之開發案乏人問津，地勢、地質、地形、地盤、土壤、土層之大地工程問題成為購屋者亟需了解之購屋指標，也使得自然條件因素大大影響山坡地之價格高低。

3. 氣象：

　　由於土地之價值架構在人類之使用居住等用途，因此，氣候甚為惡劣，讓人類難以生活適應之地區，往往其價格較為低廉，如北極、阿拉斯加、西伯利亞等嚴冷之地。

政治條件

　　政治條件包括：國內政情、國防外交、國際局勢等政治相關條件。

舉例說明

1. 國內政情：

　　臺灣當年退出聯合國時，國內政治情勢充滿不確定性，房地產因屬不動產類，拋售者甚多，購買者甚少，一下子造成市場價格下滑甚多。

2. 國防外交：

　　中共曾於臺灣總統大選時試射導彈，造成臺海危機，臺灣之國防威脅甚鉅，也造成不動產之市場為之蕭條。

3. 國際局勢：

　　美國 911 恐怖攻擊事件，造成美國與伊拉克之戰爭，國際局勢為之緊張，也直接全面影響不動產市場之熱度。

社會條件

　　社會條件主要與地區人口特質有關，包括人口成長率、戶口成長率、社會生活型態、風俗習慣、使用收益習慣等之相關社會條件。

舉例說明

1. 人口成長率：

　　臺灣近幾年人口成長率已因出生率的降低而下降，甚至預測過幾年後也會進入負成長之狀況，這對整個不動產需求會產生下降之趨勢。

2. 社會生活型態：

　　臺灣從農業社會進入工商業社會型態，也使得住宅的需求從以前的大家庭式變成今日小家庭式之型態。

3. 使用收益習慣：

　　臺灣一直存有「有土斯有財」之觀念，所以住宅之自有率一直高達 8、9 成，但由於社會之工作型態改變，工作地點難以固定，已使得出租住宅之需

求隨之而起,相對的,購買自用住宅之觀念也已偏向使用收益之潮流,對於住宅之價格漸近也會有偏向收益法之導向。

4. 風俗習慣:

　　臺灣人特別不喜歡「4」樓這個諧音,意思是與「死」字同音,因此大多數的大樓價格皆以 4 樓該樓層之單價最低。

經濟條件

　　經濟條件一般概指整體之經濟環境,包括利率水準、國民所得水準、物價水準、景氣信號、匯率變動、貨幣供給、工資水準、基礎建設完備性、國際化程度等相關經濟條件。

舉例說明

1. 利率水準:

　　就不動產估價法中收益法而言:

　　在收益無限期間時之收益價格公式如下:

$$P_{\text{收益價格}} = \frac{a}{r}$$

　　在收益有限期間時之收益價格公式如下:

$$P_{\text{收益價格}} = \frac{a}{r} \times \left[1 - \frac{1}{(1+r)^n}\right]$$

其中:

a:房地收益淨收益=房地有效總收入－房地總費用。

r:房地綜合收益資本化率。

n:房地可收益之年數。

由於 r 之高低與利率水準有絕對之同步升降關係，因此，理論上，不動產之價格高低應與利率之高低成反方向之變動。也就是說若影響不動產價格之其他的因素不變下，理論上，利率下滑應會使得房地產價格上揚。

2. 國民所得水準、物價水準、貨幣供給、工資水準、基礎建設完備性、國際化程度：

一個地區經濟越繁榮，就總體經濟而言，應是會趨向國民所得水準、物價水準、貨幣供給、工資水準、基礎建設完備性、國際化程度越高越完備，當然也會使得該地區之不動產價格為之水漲船高，如臺灣從之前的開發中國家漸漸往已開發國家邁進，也使得整體房地產價格普遍上揚甚多。

第二節　區域因素

區域因素：指影響近鄰地區不動產價格水準之因素。

區域因素與個別因素之差異

一般說來，影響房地產之區域因素及個別因素往往考慮同一類因素時，區域因素之把握重點應是其因素之「有無」，而個別因素之把握重點則是其因素之「強度」，譬如，比較勘估標的及比較標的之價格調整時，捷運站之「有無」應視為「區域因素」，但比較標的與勘估標的各離捷運站之距離，也就是捷運站對個別標的之影響「強度」則應視為「個別因素」。

區域因素之主要考慮項目：

1. 交通運輸：指海運、空運、鐵路、公路、捷運、高鐵等交通運輸系統之便利性。

2. 公共設施：指供水、供電、瓦斯、上下水道、照明、公園、綠地、學校等公共設施的供應與配置。

3. 生活環境：指該近鄰地區之自然環境、街道配置、建物景觀、視野狀況。

> 新完成之重劃區，由於自然環境、街道配置、建物景觀、視野狀況大都優於老舊社區，故其房地價都會有不錯的表現。

4. 天災公害：地區性淹水（如汐止）、地層下陷（如東石）、空氣汙染（如林園）、噪音振動（如機場）、核能汙染。

5. 使用管制：使用分區、用地管制、飛航管制、軍事限建禁建、未發布細部計畫限建區。

第三節　個別因素

　　個別因素：指不動產因受本身條件之影響，而產生價格差異之因素。

　　個別因素之主要考慮項目如下：

土地

1. 宗地條件：包括面積、臨路寬度、深度、形狀、高低、位置等。

2. 道路條件：包括鄰接街道之系統、結構、道路寬度、鋪裝等。

3. 接近條件：包括交通設施、離車站距離，及接近商店、公共設施之條件。

4. 環境條件：包括災害（如土地有汙染）、汙染、景觀、日照、地勢、公共處理設施（如下水道管線之接駁）等。

5. 行政條件：使用分區及其他行政上之管制。

建築物

一、外部描述

1. 底部基礎結構：基礎、地板、地樁、柱、角柱、樑、基礎牆。

2. 地面以上結構：框架、通風、外牆、外門、窗、紗窗、屋頂及排水系統等。

二、內部描述

1. 內牆、隔間、門。

2. 空間分割：儲藏室、樓梯、電梯、電扶梯、升降機。

3. 內部結構：樑、柱、桁架、樓板系統、天花板。

4. 粉刷、裝潢、裝修。

5. 防蟲害及防腐。

6. 雜項及其他功能。

三、建築設備及機電系統

1. 管道系統：水電管線系統、衛浴設備。

2. 使用能源系統：熱水系統、冷暖氣空調系統、電氣控制系統。

3. 其它設備：防火設備、電梯設備、防盜系統、網路系統、裝卸貨設備。

MEMO
Concepts and Application
of Real Estate Appraisal

不動產估價程序

第一節　確定估價基本事項

第二節　擬定估價計畫

第三節　蒐集資料

第四節　確認勘估標的狀態

第五節　整理、比較、分析資料

第六節　運用估價方法推算勘估標的價格

第七節　決定勘估標的價格

第八節　製作估價報告書

依不動產估價技術規則第 8 條規定，不動產之估價程序為：

一、 確定估價基本事項。

二、 擬定估價計畫。

三、 蒐集資料。

四、 確認勘估標的狀態。

五、 整理、比較、分析資料。

六、 運用估價方法推算勘估標的價格。

七、 決定勘估標的價格。

八、 製作估價報告書。

第一節　確定估價基本事項

確定估價的基本資料，「確定」兩字大多是指「文件」或「書面」上之確定，也就是說是單指從相關文件資料中了解勘估標的物之基本資料，與第四節之「確認」勘估標的狀態是不同的，「確認」是指「眼見為憑」，估價師需有所分別。

確定估價基本事項如下：

勘估標的內容

一般來說，勘估標的的內容包括勘估標的之基本資料、勘估標的之所有權、他項權利及其他負擔，這些資料大多由委託人告知估價師後，由估價師至地政單位申請相關謄本，從謄本中之標示部、所有權部、他項權利部等了解勘估標的之內容。

價格日期

由於影響不動產價格有第二章所提之「變動原則」，所以不動產之價格會隨著不同的估價日期有著不同的價格，因此，估價師應從委託人之估價目的從而確定價格日期以利估價。

價格種類及條件

不動產估價技術規則第 6 條：

不動產估價，應切合價格日期當時之價值。其估計價格種類包括正常價格、限定價格、特定價格及特殊價格；估計租金種類包括正常租金及限定租金。不動產估價，應註明其價格種類；其以特定價格或限定價格估價者，應敘明其估價條件，並同時估計其正常價格。

由於不同之價格種類影響估價金額甚鉅，因此，估價人員應就委託人所託之估價目的等條件判定所對應之價格種類，並於若非正常價格時，加記其估價條件。

另外，除不動產估價技術規則所訂之價格種類及條件外，估價上也另有以下幾個估價名詞：

1. 獨立估價：若所估價勘估標的物之土地上存有建物時，將其建築物「視而不見」，即當成素地來估價稱之。

2. 部分估價：將勘估對象不動產分別就土地及建物分別估價稱之。

3. 合併估價：以勘估對象不動產之合併為前提，就合併後之情況估價稱之。

4. 分割估價：以勘估對象不動產之分割為前提，就分割後之情況估價稱之。

估價目的

一般說來，估價目的應為委託人告知估價師其估價之所為何事，估價師方可以判定委託人之估價目的，訂出估價種類、估價條件、價格日期等必要估價資料。

估價目的大多簡潔的紀錄估價報告書的用途等目的，如買賣、徵收補償、法拍、抵押貸款、課稅、保險等。

第二節　擬定估價計畫

擬定估價計畫包括下列事項：

確定作業步驟

估價師接受委託人之估價案後，即應確定估價相關之作業步驟，但實務上，大都應是預估出以下之所需時間、人力、經費後方可擬定作業進度表，據此而確定作業步驟。

預估所需時間

預估所需時間大多以委託人所提出之「交報告期限」來做為依據，也就是說，擬定估價計畫其實是為了能在期限內完成報告，估價師方知是否可獨力完成或是需請其他估價師事務所合作或加班趕工完成等狀況，進而，訂出最適之所需時間。

預估所需人力

估價師預估出所需時間後，當然伴隨的是其相對所需之人力的投入，若是較大估價案且估價時間緊迫時，往往還需其他估價師事務所合作完成。

預估作業經費

當估價師預估出所需時間及人力時，當然可計算出作業經費，據此做最適當之調整以調整出經費較低、效率較高之較佳情況。

擬定作業進度表

預估出作業之時間、人力、經費後，估價師應將相關資料彙整成作業進度表，並可以「要徑法」（Critical Path Method，簡稱 CPM）做分析，藉此作進度之掌控及控制管理。

第三節　蒐集資料

不動產估價應蒐集之資料如下：

1. 勘估標的之標示、權利、法定用途及使用管制等基本資料。（如謄本及使用分區證明）

2. 影響勘估標的價格之一般因素、區域因素及個別因素。

3. 勘估標的相關交易、收益及成本資料。

第四節　確認勘估標的狀態

確認勘估標的狀態時，應至現場勘察下列事項：

1. 確認勘估標的之基本資料及權利狀態。

2. 調查勘估標的及比較標的之使用現況。（如自用、出租、閒置等）

3. 確認影響價格之各項資料。

4. 作成紀錄及攝製必要之照片或影像檔。

委託人未領勘，無法確認勘估標的範圍或無法進入室內勘察時，應於估價報告書敘明。

第五節　整理、比較、分析資料

不動產估價師應依下列原則蒐集比較實例：

一、實例之價格屬正常價格、可調整為正常價格或與勘估標的價格種類相同者。

二、與勘估標的位於同一供需圈之近鄰地區或類似地區者。

三、與勘估標的使用性質或使用管制相同或相近者。

四、實例價格形成日期與勘估標的之價格日期接近者。

第六節　運用估價方法推算勘估標的價格

依照不動產估價技術規則內所列之估價方法計有：比較法、收益法（直接資本化法、折現現金流量分析法）、成本法、土地開發分析法等數種。

不動產估價師應兼採二種以上估價方法推算勘估標的價格。但因情況特殊不能採取二種以上方法估價並於估價報告書中敘明者，不在此限。

第七節　決定勘估標的價格

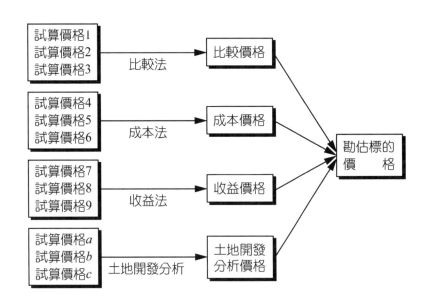

不動產估價師應就不同估價方法估價所獲得之價格進行綜合比較，就其中金額顯著差異者重新檢討。並視不同價格所蒐集資料可信度及估價種類目的條件差異，考量價格形成因素之相近程度，決定勘估標的價格，並將決定理由詳予敘明。

以契約約定租金作為不動產證券化受益證券信託利益分配基礎者，折現現金流量分析法之收益價格應視前項情形賦予相對較大之權重。但不動產證券化標的進行清算時，不在此限。

第八節　製作估價報告書

不動產估價師應製作估價報告書，於簽名或蓋章後，交付委託人。

估價報告書，應載明事項如下：

1. 委託人。

2. 勘估標的之基本資料。（如門牌地址、地號、建號）

3. 價格日期（只能某一天）及勘察日期（可能數天）。

4. 價格種類。（正常價格、限定價格、特定價格、特殊價格）

5. 估價條件。（依技術規則第 6 條規定，特定價格時須註明）

6. 估價目的。（如買賣、徵收等）

7. 估價金額。

8. 勘估標的之所有權、他項權利及其他負擔。（如謄本）

9. 勘估標的使用現況。（如自用、出租、閒置等）

10. 勘估標的法定使用管制或其他管制事項。（如使用分區證明）

11. 價格形成之主要因素分析。（一般因素、區域因素、個別因素）

12. 估價所運用之方法與其估算過程及價格決定之理由。（比較法、成本法、收益法等）

13. 依本規則規定須敘明之情況。（如因情況特殊不能採取二種以上方法估價時，應敘明理由）

14. 其他與估價相關之必要事項。（如估價之價格種類為特定價格時須同時估計正常價格時，正常價格需記載於此）

15. 不動產估價師姓名及其證照字號。

前項估價報告書應檢附必要之圖說資料。

因行政執行或強制執行委託估價案件，其報告書格式及應附必要之圖說資料，依其相關規定辦理，不受前二項之限制。

估價報告書之事實描述應真實確切，其用語應明確肯定，有難以確定（如鬧鬼）之事項者，應在估價報告書中說明其可能影響勘估標的權利或價值之情形。

MEMO
Concepts and Application
of Real Estate Appraisal

估價數學

第一節　複利終價率

第二節　複利現價率

第三節　複利年金現價率

第四節　本利均等償還率

第五節　複利年金終價率

第六節　償還基金率

第七節　估價數學公式總整理

估價學中之數學公式主要用到的有：

收益法中有期限收益之

1. 「Inwood 方式」：

$$P_n = a \times \frac{(1+r)^n - 1}{r \times (1+r)^n}$$

「Hoskold 方式」：

$$P_{n'} = \frac{a}{r + f_{n'}} = \frac{a}{r + \dfrac{r_3}{(1+r_3)^{n'} - 1}}$$

2. 成本法之耐用年限折舊法中之「償還基金法」，其中
   償還基金率為：

$$F_n = \frac{r}{(1+r)^n - 1}$$

而要了解這幾種估價所需之數學，其實就只要了解財務上常用之六大公式即可完全了解。

茲說明財務六大公式如下。

第一節　複利終價率

$$A_n = (1+r)^n$$

所謂複利終價率是指現在存入 1 元，若年利率為 r，則以複利計算，第 n 年後之本利和即為複利終價率。

說明如下：

第一年　　　$A_1 = 1 + (1 \times r) = 1 + r$

第二年　　　$A_2 = A_1 + A_1 \times r = (1 + r) + (1 + r) \times r = (1 + r)^2$

第三年　　　$A_3 = A_2 + A_2 \times r = (1 + r)^2 + (1 + r)^2 \times r = (1 + r)^3$

以此類推

第 n 年　　　$A_n = A_{n-1} + A_{n-1} \times r = (1 + r)^{n-1} + (1 + r)^{n-1} \times r = (1 + r)^n$

 舉例說明

　　現在存入 10,000 元，年利率 10%，經過 20 年後本利和為多少？

解　　$10,000 \times (1 + 10\%)^{20} = 67,275$

第二節　複利現價率

$$V_n = \frac{1}{(1 + r)^n}$$

　　所謂複利現價率是指第 n 年後之本利和為 1 元，若年利率為 r，以複利計算，則現值為多少即為複利現價率。

　　簡單的說，複利現價率是為複利終價率之倒數，所以只要了解複利終價率當然也就了解複利現價率。

 舉例說明

　　20 年後本利和為 67,275 元，年利率 10%，現在該存入多少？

解　　$\dfrac{67,275}{(1 + 10\%)^{20}} = 10,000$

第三節　複利年金現價率

$$P_n = \frac{(1+r)^n - 1}{r \times (1+r)^n}$$

所謂複利年金現價率即是指若想在未來 n 年皆領回 1 元，年利率為 r 時，現在應存入多少錢？

換成不動產估價中之收益法來看也可說成是某一棟建築物可以在未來 n 年皆能有 1 元之淨收益，則此不動產現在之收益價格為多少？

公式推導如下：

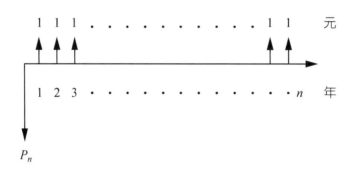

$$P_n = \frac{1}{1+r} + \frac{1}{(1+r)^2} + \frac{1}{(1+r)^3} + \cdots\cdots + \frac{1}{(1+r)^n}$$

$$= \frac{首項(1-公比^{項數})}{1-公比} = \frac{\frac{1}{(1+r)} \times \left[1 - \frac{1}{(1+r)^n}\right]}{1 - \frac{1}{1+r}}$$

$$= \frac{\frac{1}{(1+r)} \times \left[1 - \frac{1}{(1+r)^n}\right]}{\frac{1+r-1}{1+r}} = \frac{1}{r}\left[1 - \frac{1}{(1+r)^n}\right]$$

$$= \frac{(1+r)^n - 1}{r \times (1+r)^n}$$

若將每年可領回 1 元改成 a 元，則公式即如前面所提之 Inwood 方式

$$P_n = a \times \frac{(1+r)^n - 1}{r \times (1+r)^n}$$

其中：

P_n：收益價格。

a：房地年收益淨收益＝房地年有效總收入－房地年總費用。

r：房地年綜合收益資本化率。

n：房地可收益之年數。

 舉例說明

若有一不動產欲出售 15 年之地上權，設已知每年之收益價約為 100 萬元，若年利率為 10%，則此地上權若現在一次付清現在應為多少？

解 此例為已知 a，r，n 求 P_n

$$P_n = a \times \frac{(1+r)^n - 1}{r \times (1+r)^n} = 1,000,000 \times \frac{(1+10\%)^{15} - 1}{10\% \times (1+10\%)^{15}} = 7,606,080$$

第四節 本利均等償還率

$$R_n = \frac{r \times (1+r)^n}{(1+r)^n - 1}$$

本利均等償還率就是指若現在向銀行借貸 1 元，年利率為 r 時，若平均償還年數為 n 年，則每年所需償還之金額即為本利均等償還率。

簡單的說，本利均等償還率是為複利年金現價率之倒數，所以只要了解複利年金現價率當然也就了解本利均等償還率。

說明如下：

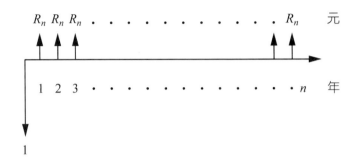

 舉例說明

　　某甲向銀行借貸 100 萬元，年息 6%，本息分 20 年每月平均攤還，某甲每月應償還多少錢？

解

$$a = 1,000,000 \times R_n = 1,000,000 \times \frac{r \times (1+r)^n}{(1+r)^n - 1} = 1,000,000 \times \frac{\frac{6\%}{12} \times (1 + \frac{6\%}{12})^{20 \times 12}}{(1 + \frac{6\%}{12})^{20 \times 12} - 1} = 7,164.3$$

　　另解：本題也可看成 $P_n = a \times \frac{(1+r)^n - 1}{r \times (1+r)^n}$ 中，已知 P_n，r，n，求 a。

想想看

　　承上題(1)第 36 期付款後，尚有未還本金多少？(2)第 37 期本利平均攤還中，本金及利息各為多少？(3)第 60 期付款後，再多還本金 20 萬，問第 61 期起每月本利和平均攤還額為多少？(4)第 90 期付款後，名目年利率升為 8%，問第 91 期起每月應付額為多少？

解

(1) 第 36 期付款後，尚有未還本金多少？

　　　20(年) × 12(月) = 240(月)

$$P_{36} = 7,164.3 \times \frac{\left(1 + \frac{6\%}{12}\right)^{240-36} - 1}{\frac{6\%}{12}\left(1 + \frac{6\%}{12}\right)^{240-36}} = 914,863 \text{ (元)}$$

∴尚有未還本金 914,863 元。

(2) 第 37 期本利平均攤還中，本金及利息各為多少？

第 37 期利息 $= P_{36} \times \frac{6\%}{12} = 4,574$ 元

第 37 期本金 $= 7,164.3 - 4,574 = 2,590.3$

∴第 37 期利息 $= 4,574$ 元；第 37 期本金 $= 2,590.3$ 元

(3) 第 60 期付款後，再多還本金 20 萬，問第 61 期起每月本利和平均攤還額為多少？

$$P_{60} = 7,164.3 \times \frac{\left(1 + \frac{6\%}{12}\right)^{240-60} - 1}{\frac{6\%}{12}\left(1 + \frac{6\%}{12}\right)^{240-60}} = 848,995 \text{(元)}$$

$$
\begin{aligned}
P_{60}' &= P_{60} - 200,000 \\
&= 848,995 - 200,000 \\
&= 648,995 \text{(元)}
\end{aligned}
$$

$$648,995 = a' \times \frac{\left(1 + \frac{6\%}{12}\right)^{240-60} - 1}{\frac{6\%}{12}\left(1 + \frac{6\%}{12}\right)^{240-60}}$$

$$a' = 5,476.6 \text{(元)}$$

∴第 61 期起每月本利和平均攤還額為 5,476.6 元。

(4) 第 90 期付款後，名目年利率升為 8%，問第 91 期起每月應付額為多少？

$$P_{90} = 5,476.6 \times \frac{\left(1+\dfrac{6\%}{12}\right)^{240-90}-1}{\dfrac{6\%}{12}\left(1+\dfrac{6\%}{12}\right)^{240-90}} = 576,960 \text{（元）}$$

$$576,960 = a'' \times \frac{\left(1+\dfrac{8\%}{12}\right)^{240-90}-1}{\dfrac{8\%}{12}\left(1+\dfrac{8\%}{12}\right)^{240-90}}$$

$$a'' = 6,096.7 \text{ (元)}$$

∴ 第 91 期起每月應付額為 6,096.7 元。

第五節　複利年金終價率

$$M_n = \frac{(1+r)^n-1}{r}$$

所謂複利年金終價率是指每年存入 1 元，年利率為 r 時，經過 n 年後，終期一共可領回多少錢？

說明如下：

這個因子其實只是前面所述複利年金現價率 $P_n = \dfrac{(1+r)^n-1}{r\times(1+r)^n}$ 將它乘以複利終價

率 $A_n = (1+r)^n$ 轉至期末終價即為複利年金終價率 $M_n = \dfrac{(1+r)^n-1}{r\times(1+r)^n}\times(1+r)^n = \dfrac{(1+r)^n-1}{r}$

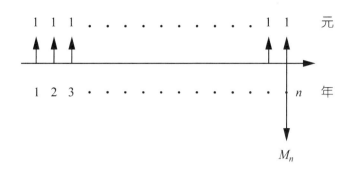

 舉例說明

若每年年底存入銀行 10,000 元，年利率為 1%，10 年後可領回多少錢？

解 $10,000 \times M_n = 10,000 \times \dfrac{(1+r)^n - 1}{r} = 10,000 \times \dfrac{(1+1\%)^{10} - 1}{1\%} = 104,622$

第六節　償還基金率

$$F_n = \frac{r}{(1+r)^n - 1}$$

所謂償還基金率是指若想在 n 年後可領回 1 元，若年利率為 r，則每年應存入多少錢讓其孳息 n 年後剛好可領回 1 元？

說明如下：

在不動產估價成本法之耐用年限折舊法中之「償還基金法」及收益法中有期限收益之「Hoskold 方式」，即皆用此償還基金率 $F_n = \dfrac{r}{(1+r)^n - 1}$ 來提列折舊，其意義可說明為：若吾人因不動產中之建物會產生折舊，故需年年先提列一部份之「償還基金」以備日後之更新改建，則此提列基金率用於收益法即為「Hoskold 方式」：$P_{n'} = \dfrac{a}{r + f_{n'}} = \dfrac{a}{r + \dfrac{r_3}{(1+r_3)^{n'} - 1}}$ 中之 $f_{n'}$ 用於成本法即為耐用年限折舊法中之「償還基金法」，其中償還基金率為：$F_n = \dfrac{r}{(1+r)^n - 1}$

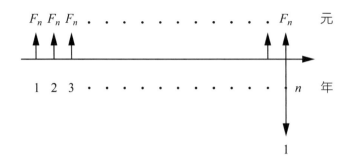

舉例說明

　　若大雄投資興建一辦公大樓，並欲在 20 年後以 1,000 萬更新該建物，儲蓄年利率若為 1%，則大雄每年應儲蓄多少償還基金？

解

$$10,000,000 \times F_n = 10,000,000 \times \frac{r}{(1+r)^n - 1} = 10,000,000 \times \frac{1\%}{(1+1\%)^{20} - 1} = 454,153$$

第七節　估價數學公式總整理

第一節：期初轉期末

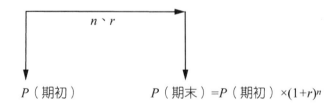

P（期初）　　　　　P（期末）＝P（期初）$\times (1+r)^n$

第二節：期末轉期初

P（期初）＝P（期末）$\times \dfrac{1}{(1+r)^n}$　　　　P（期末）

👤 第三、四節：期初轉年金

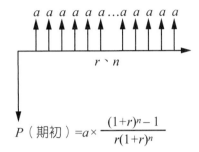

$$P（期初）=a \times \frac{(1+r)^n - 1}{r(1+r)^n}$$

👤 第五、六節：期末轉年金

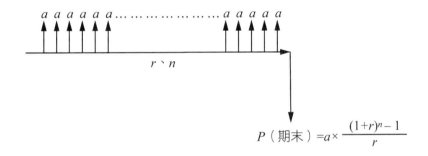

$$P（期末）=a \times \frac{(1+r)^n - 1}{r}$$

可視為第三節（期初轉年金）+第一節（期初轉期末）的合併

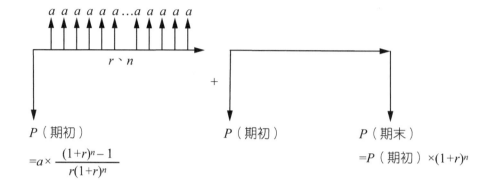

所以
P（期末）$=P$（期初）$\times(1+r)^n$

$=a\times\dfrac{(1+r)^n-1}{r(1+r)^n}\times(1+r)^n$

$=a\times\dfrac{(1+r)^n-1}{r}$

估價方法─比較法

第一節　不動產估價技術規則相關條文
第二節　相關估價原則
第三節　估價程序
第四節　估價方法
第五節　應用限制
第六節　估價實務問題舉例
第七節　特別補充

比較法指以比較標的價格為基礎，經比較、分析及調整等，以推算勘估標的價格之方法。

依前項方法所求得之價格為比較價格。

$$P_{勘估標的} = P_{比較標的} \times \frac{(情況調整)}{100} \times \frac{(價格日期調整)}{100} \times$$
$$\frac{(區域因素調整)}{100} \times \frac{(個別因素調整)}{100}$$

第一節　不動產估價技術規則相關條文

第 18 條　比較法指以比較標的價格為基礎，經比較、分析及調整等，以推算勘估標的價格之方法。

依前項方法所求得之價格為比較價格。

第 19 條　　本節名詞定義如下：

一、情況調整：比較標的之價格形成條件中有非屬於一般正常情形而影響價格時，或有其他足以改變比較標的價格之情況存在時，就該影響部分所作之調整。

二、價格日期調整：比較標的之交易日期與勘估標的之價格日期因時間之差異，致價格水準發生變動，應以適當之變動率或變動金額，將比較標的價格調整為勘估標的價格日期之價格。

三、區域因素調整：所選用之比較標的與勘估標的不在同一近鄰地區內時，為將比較標的之價格轉化為與勘估標的同一近鄰地區內之價格水準，而以比較標的之區域價格水準為基礎，就區域因素不同所產生之價格差異，逐項進行之分析及調整。

四、個別因素調整：以比較標的之價格為基礎，就比較標的與勘估標的因個別因素不同所產生之價格差異，逐項進行之分析及調整。

五、百分率法：將影響勘估標的及比較標的價格差異之區域因素及個別因素逐項比較，並依優劣程度或高低等級所評定之差異百分率進行價格調整之方法。

六、差額法：指將影響勘估標的及比較標的價格差異之區域因素及個別因素逐項比較，並依優劣程度或高低等級所評定之差額進行價格調整之方法。

七、計量模型分析法：蒐集相當數量具代表性之比較標的，透過計量模型分析，求出各主要影響價格因素與比較標的價格二者之關係式，以推算各主要影響價格因素之調整率及調整額之方法。

第 20 條　應用前條計量模型分析法應符合下列條件：

一、須蒐集應用計量模型分析關係式自變數個數五倍以上之比較標的。

二、計量模型分析採迴歸分析者，其調整後判定係數不得低於零點七。

三、截距項以外其他各主要影響價格因素之係數估計值同時為零之顯著機率不得大於百分之五。

第 21 條　比較法估價之程序如下：

一、蒐集並查證比較標的相關資料。

二、選擇與勘估標的條件相同或相似之比較標的。

三、對比較標的價格進行情況調整及價格日期調整。

四、比較、分析勘估標的及比較標的間之區域因素及個別因素之差異，並求取其調整率或調整額。

五、計算勘估標的之試算價格。

六、決定勘估標的之比較價格。

前項第五款所稱之試算價格，指以比較標的價格經情況調整、價格日期調整、區域因素調整及個別因素調整後所獲得之價格。

第 22 條　所蒐集之比較標的，應就下列事項詳予查證確認：

一、交易價格及各項費用之負擔方式。

二、交易條件；有特殊付款方式者，其方式。

三、比較標的狀況。

四、交易日期。

前項查證確有困難之事項，應於估價報告書中敘明。

第 23 條　比較標的有下列情況，應先作適當之調整；該影響交易價格之情況無法有效掌握及量化調整時，應不予採用：

一、急買急賣或急出租急承租。

二、期待因素影響之交易。

三、受債權債務關係影響之交易。

四、親友關係人間之交易。

五、畸零地或有合併使用之交易。

六、地上物處理有糾紛之交易。

七、拍賣。

八、公有土地標售、讓售。

九、受迷信影響之交易。

十、包含公共設施用地之交易。

十一、人為哄抬之交易。

十二、與法定用途不符之交易。

十三、其他特殊交易。

第 24 條　比較、分析勘估標的與比較標的之區域因素及個別因素差異並就其中差異進行價格調整時，其調整以百分率法為原則，亦得以差額法調整，並應於估價報告書中敘明。

第 25 條　試算價格之調整運算過程中，區域因素調整、個別因素調整或區域因素及個別因素內之任一單獨項目之價格調整率大於百分之十五，或情況、價格日期、區域因素及個別因素調整總調整率大於百分之三十時，判定該比較標的與勘估標的差異過大，應排除該比較標的之適用。但勘估標的性質特殊或區位特殊缺乏市場交易資料，並於估價報告書中敘明者，不在此限。

第 26 條　經比較調整後求得之勘估標的試算價格，應就價格偏高或偏低者重新檢討，經檢討確認適當合理者，始得作為決定比較價格之基礎。檢討後試算價格之間差距仍達百分之二十以上者，應排除該試算價格之適用。

前項所稱百分之二十以上之差距，指高低價格之差除以高低價格平均值達百分之二十以上者。

第 27 條　　不動產估價師應採用三件以上比較標的，就其經前條推估檢討後之勘估標的試算價格，考量各比較標的蒐集資料可信度、各比較標的與勘估標的之價格形成因素之相近程度，決定勘估標的之比較價格，並將比較修正內容敘明之。

第二節　相關估價原則

供給需求原則

　　雖然不動產市場並非完全競爭市場，且不動產間之替代性也非完全，但供給與需求的數量多寡仍然會反映出買賣雙方之力道強度。一般說來，當供給過剩時會形成買方市場，價格不易高漲，所以估價師除了須比較與現有市場之供給外，也需注意興建中、預售中之不動產供給；另外，掌握不動產之需求強度也是價格不可或缺之要因。

替代原則

　　比較法，指以比較標的價格為基礎，經比較、分析及調整等，以推算勘估標的價格之方法。

　　依前項方法所求得之價格為比較價格。

其公式可表示如下：

$$P_{勘估標的} = P_{比較標的} \times \frac{(情況調整)}{100} \times \frac{(價格日期調整)}{100} \times \frac{(區域因素調整)}{100} \times \frac{(個別因素調整)}{100}$$

其中：

$P_{勘估標的}$：勘估標的之比較價格。

$P_{比較標的}$：比較標的之價格。

故從其定義及公式中了解若以比較法來推算勘估標的之價格，實以替代效果為原則，認為若知比較標的之價格時，可依比較標的及勘估標的間之「替代差異」進行情況、價格日期、區域因素、個別因素調整，以推求得勘估標的之比較價格。

均衡原則

不動產之價格受生產的四大要素—土地、勞力、資本、企業家經營能力的影響。而四大生產要素的均衡投入方可創造出不動產之最高最有效使用，也就是在均衡投入生產四大要素時方可造就不動產之最高價格。估價師應用比較法時當要比較勘估標的與比較標的於要素之「均衡」程度，以作適當之調整。

外部性原則

諾貝爾獎之寇斯定理(Coase Theorem)中曾提到「外部成本內部化」之概念，意思是指，外部的環境亦可能會因「外部性」的影響而形成本身之成本增加，進而影響本身之淨收益的大小。

就不動產而言，外部環境的影響除了前面所提之適合原則外，其有可能產生「外部性」的各項設施，是會影響近鄰不動產之價格的，如嫌惡設施的設置，必會對不動產價格產生負面影響。

因此，估價師因注意勘估標的與比較標的之外部性影響，以作適當之調整。

第三節 估價程序

比較法估價之程序如下：

一、蒐集並查證比較標的相關資料。

二、選擇與勘估標的條件相同或相似之比較標的。

三、對比較標的價格進行情況調整及價格日期調整。

四、 比較、分析勘估標的及比較標的間之區域因素及個別因素之差異，並求取其調整率或調整額。

五、 計算勘估標的之試算價格。

六、 決定勘估標的之比較價格。

前項第五款所稱之試算價格，指以比較標的價格經情況調整、價格日期調整、區域因素調整及個別因素調整後所獲得之價格。

第四節　估價方法

百分率法

將影響勘估標的與比較標的價格差異之區域因素及個別因素逐項比較，並依優劣程度或高低等級所評定之差異百分率進行價格調整之方法。

$$P_{勘估標的} = P_{比較標的} \times \frac{(情況調整)}{100} \times \frac{(價格日期調整)}{100} \times$$
$$\frac{(區域因素調整)}{100} \times \frac{(個別因素調整)}{100}$$

其中：

一、情況調整：比較標的之價格形成條件中有非屬於一般正常情形而影響價格時，或有其他足以改變比較標的價格之情況存在時，就該影響部分所作之調整。

二、價格日期調整：比較標的之交易日期與勘估標的之價格日期因時間之差異，致價格水準發生變動，應以適當之變動率或變動金額，將比較標的價格調整為勘估標的價格日期之價格。

三、區域因素調整：所選用之比較標的與勘估標的不在同一近鄰地區內時，為將比較標的之價格轉化為與勘估標的同一近鄰地區內之價格水準，而以比較標的之區域價格水準為基礎，就區域因素不同所產生之價格差異，逐項進行之分析及調整。

四、個別因素調整：以比較標的之價格為基礎，就比較標的與勘估標的因個別因素不同所產生之價格差異，逐項進行之分析及調整。

差額法

指將影響勘估標的與比較標的價格差異之區域因素及個別因素逐項比較，並依優劣程度或高低等級所評定之差額進行價格調整之方法。

$$P_{勘估標的} = P_{比較標的} + 情況調整 + 價格日期調整 + 區域因素調整 + 個別因素調整$$

計量模型分析法

蒐集相當數量具代表性之比較標的，透過計量模型分析，求出各主要影響價格因素與比較標的價格二者之關係式，以推算各主要影響價格因素之調整率及調整額之方法。

第五節　應用限制

技術規則之限制：

第 20 條　　應用前條計量模型分析法應符合下列條件：

一、須蒐集應用計量模型分析關係式自變數個數五倍以上之比較標的。

二、計量模型分析採迴歸分析者，其調整後判定係數不得低於零點七。

三、截距項以外其他各主要影響價格因素之係數估計值同時為零之顯著機率不得大於百分之五。

第 23 條　比較標的有下列情況，應先作適當之調整；該影響交易價格之情況無法有效掌握及量化調整時，應不予採用：

一、急買急賣或急出租急承租。

二、期待因素影響之交易。

三、受債權債務關係影響之交易。

四、親友關係人間之交易。

五、畸零地或有合併使用之交易。

六、地上物處理有糾紛之交易。

七、拍賣。

八、公有土地標售、讓售。

九、受迷信影響之交易。

十、包含公共設施用地之交易。

十一、人為哄抬之交易。

十二、與法定用途不符之交易。

十三、其他特殊交易。

第 24 條　比較、分析勘估標的與比較標的之區域因素及個別因素差異並就其中差異進行價格調整時，其調整以百分率法為原則，亦得以差額法調整，並應於估價報告書中敘明。

第 25 條　試算價格之調整運算過程中，區域因素調整、個別因素調整或區域因素及個別因素內之任一單獨項目之價格調整率大於百分之十五，或情況、價格日期、區域因素及個別因素調整總調整率大於百分之三十時，判定該比較標的與勘估標的差異過大，應排除該比較標的之適用。但勘估標的性質特殊或區位特殊缺乏市場交易資料，並於估價報告書中敘明者，不在此限。

第 26 條　經比較調整後求得之勘估標的試算價格，應就價格偏高或偏低者重新檢討，經檢討確認適當合理者，始得作為決定比較價格之基礎。檢討後試算價格之間差距仍達百分之二十以上者，應排除該試算價格之適用。

前項所稱百分之二十以上之差距，指高低價格之差除以高低價格平均值達百分之二十以上者。

第 27 條　　不動產估價師應採用三件以上比較標的，就其經前條推估檢討後之勘估標的試算價格，考量各比較標的蒐集資料可信度、各比較標的與勘估標的價格形成因素之相近程度，決定勘估標的之比較價格，並將比較修正內容敘明之。

（舉例說明）

　　運用比較法評估不動產價格時，應進行哪些調整？如何調整？有何主要適用上之限制？

解

一、需作情況調整、價格口期調整、區域因素調整、個別因素調整。其中：

　　1. 情況調整：比較標的之價格形成條件中有非屬於一般正常情形而影響價格時，或有其他足以改變比較標的價格之情況存在時，就該影響部分所作之調整。

　　2. 價格日期調整：比較標的之交易日期與勘估標的之價格日期因時間之差異，致價格水準發生變動，應以適當之變動率或變動金額，將比較標的價格調整為勘估標的價格日期之價格。

　　3. 區域因素調整：所選用之比較標的與勘估標的不在同一近鄰地區內時，為將比較標的之價格轉化為與勘估標的同一近鄰地區內之價格水準，而以比較標的之區域價格水準為基礎，就區域因素不同所產生之價格差異，逐項進行之分析及調整。

　　4. 個別因素調整：以比較標的之價格為基礎，就比較標的與勘估標的因個別因素不同所產生之價格差異，逐項進行之分析及調整。

二、可運用百分率法、差額法來修正百分率法：

$$P_{勘估標的} = P_{比較標的} \times \frac{(情況調整)}{100} \times \frac{(價格日期調格)}{100} \times$$

$$\frac{(區域因素調整)}{100} \times \frac{(個別因素調整)}{100}$$

差額法：

$$P_{勘估標的} = P_{比較標的} + 情況調整 + 價格日期調整 + 區域因素調整 + 個別因素調整$$

三、試算價格之調整運算過程中，區域因素調整、個別因素調整或區域因素及個別因素內之任一單獨項目之價格調整率大於百分之十五，或情況、價格日期、區域因素及個別因素調整總調整率大於百分之三十時，判定該比較標的與勘估標的之差異過大，應排除該比較標的之適用。但勘估標的性質特殊或區位特殊缺乏市場交易資料，並於估價報告書中敘明者，不在此限。

經比較調整後求得之勘估標的試算價格，應就價格偏高或偏低者重新檢討，經檢討確認適當合理者，始得作為決定比較價格之基礎。檢討後試算價格之間差距仍達百分之二十以上者，應排除該試算價格之適用。

前項所稱百分之二十以上之差距，指高低價格之差除以高低價格平均值達百分之二十以上者。

不動產估價師應採用三件以上比較標的，就其經前條推估檢討後之勘估標的試算價格，考量各比較標的蒐集資料可信度、各比較標的與勘估標的價格形成因素之相近程度，決定勘估標的之比較價格，並將比較修正內容敘明之。

方法的限制

$$P_{勘估標的} = P_{比較標的} \times \frac{(情況調整)}{100} \times \frac{(價格日期調整)}{100} \times$$
$$\frac{(區域因素調整)}{100} \times \frac{(個別因素調整)}{100}$$

其中：

$P_{勘估標的}$：勘估標的之比較價格。

$P_{比較標的}$：比較標的之價格。

故若前項公式中之 $P_{比較標的}$ 無法取得或難以取得，或情況調整、價格日期調整、區域因素調整、個別因素調整之任一項無法有效掌握及調整（如技術規則第 23 條內所述之情形或違反第 25 條之調整幅度規定），則無法求出 $P_{比較標的}$。

1. 說明一

　　若想用比較法推求古蹟類之不動產，應該皆無法找到比較標的，從而無法得知 $P_{比較標的}$。比如，推算臺南「延平郡王祠」或「五妃廟」之價格，皆會因很難找到比較標的，終至無法使用比較法求取此類不動產價格。

2. 說明二

　　資訊透明且公開之法拍屋資訊，本來是作為不動產比較法之良好比較標的，可惜其情況調整率大都超過舊技術規則所規定之 15%限制，致使雖空有資訊容易取得、付款方式明確、成交日期確定等優秀條件而卻無法採用。還好，修正後之技術規則已排除情況調整之 15%限制，因此法拍資訊實為估價師最易取得及應用之資訊！

第六節　估價實務問題舉例

　　以原 91 年不動產估價師之不動產估價實務高考題目。

👤 估價條件

一、 經確認後之甲不動產，具有下列物理及權利屬性：

1. 基地之標示為 00 市 00 段 321 號，面積 2,000 平方公尺，面臨 10 米道路。

2. 建築物乃一樓之平面廠房，標示為 00 市 00 段 123 號，總樓地板面積 1,000 平方公尺。

3. 位於都市計畫工業區，法定建蔽率為 50%，容積率為 100%。

4. 甲不動產為其所有權人單獨所有，無他項權利之設定。

二、 價格日期：民國 91 年 12 月 1 日

三、 勘查日期：民國 91 年 12 月 16 日

四、 估價目的：買賣

五、 估價種類：正常價格

比較法之相關條件：

經調查結果，於勘估標的的近鄰地區，蒐集到 A、B、C、D 四宗平面廠房之買賣實例。按該近鄰地區之東邊 1/3 部分，業經規劃為都市計畫範圍內之住宅區；西邊 2/3 部分為工業區。該近鄰地區北鄰 40 米之交通幹道，南臨山坡地。各實例之相關資料陳述如下，請用以求取勘估標的之比較價格，若有不予採用者，請述明理由。

👤 實例 A

1. 本實例乃座落於甲不動產西北街廓之平面廠房，面臨 10 米道路，基地面積 2,200 平方公尺，總樓地板面積 1,100 平方公尺。

2. 位於都市計畫工業區，法定建蔽率為 50%，容積率為 100%。

3. 經查實例 A 於民國 91 年 2 月 1 日訂定買賣契約，成交金額為 163,000,000 元。雙方約定本件買賣應繳納之土地增值稅 5,000,000 元，由買方負擔。

4. 自實例 A 之價格形成日期起，迄本估價案之價格日期（民國 91 年 12 月 1 日），該地區該類型不動產之地價變動率為–5%（故期日修正率為 95/100）。

5. 綜合判斷結果，實例 A 之個別因素較甲不動產優 4%（故個別因素修正率為 96/100）。

👤 實例 B

1. 本實例乃座落於甲不動產北鄰街廓之平面廠房，面臨 10 米道路，基地面積 1,800 平方公尺，總樓地板面積 900 平方公尺。

2. 位於都市計畫工業區，法定建蔽率為 50%，容積率為 100%。

3. 經查實例 B 於民國 91 年 4 月 1 日訂定買賣契約，成交金額為 149,000,000 元。

4. 自實例 B 之價格形成日期起，迄本估價案之價格日期（民國 91 年 12 月 1 日），該地區該類型不動產之地價變動率為–4%（故期日修正率為 96/100）。

5. 綜合判斷結果，實例 B 之個別因素較甲不動產劣 7%（故個別因素修正率為 107/100）。

👤 實例 C

1. 本實例乃座落於甲不動產東北街廓之平面廠房，面臨 20 米道路，基地面積 2,000 平方公尺，總樓地板面積 1,000 平方公尺。

2. 位於都市計畫住宅區，法定建蔽率為 60%，容積率為 360%。

3. 經查實例 C 於民國 91 年 6 月 1 日訂定買賣契約，成交金額為 270,000,000 元。

4. 自實例 C 之價格形成日期起，迄本估價案之價格日期（民國 91 年 12 月 1 日），該地區該類型不動產之地價變動率為–3%（故期日修正率為 97/100）。

5. 經判斷作為廠房之條件，實例 C 之物理因素較甲不動產優 8%（故個別因素修正率為 92/100）。

👤 實例 D

1. 本實例乃座落於甲不動產西鄰街廓之平面廠房，面臨 10 米道路，基地面積 24,000 平方公尺，總樓地板面積 12,000 平方公尺。

2. 位於都市計畫工業區，法定建蔽率為 50%，容積率為 100%。

3. 經查實例 D 於民國 91 年 8 月 1 日訂定買賣契約，成交金額為 170,000,000 元。因買主急於購買，故成交價格較正常價格高 1%（故情況補正律為 100/101）

4. 自實例 D 之價格形成日期起，迄本估價案之價格日期（民國 91 年 12 月 1 日），該地區該類型不動產之地價變動率為–1%（故期日修正率為 99/100）。

5. 綜合判斷結果，實例 D 之個別因素較甲不動產優 8%（故個別因素修正率為 92/100）。

解 由於工業廠房之房地價可採「聯合貢獻說」來做分析，所以有關比較法之試算價格皆以比較實例之成交金額總價來做調整試算。

（土地貢獻說：不動產總值中，扣除建築成本價格，所剩餘價值全數歸屬於土地之貢獻上稱之。如土地殘餘法。

建物貢獻說：不動產總值中，扣除正常土地價格，所剩餘價值全數歸屬於建物之貢獻上稱之。如建物殘餘法。

聯合貢獻說：不動產總值中，係由土地與建物共同聯合創造貢獻稱之。如分配法。）

$$P_{試算價格} = P_{比較標的} \times \frac{(情況調整)}{100} \times \frac{(價格日期調整)}{100} \times$$
$$\frac{(區域因素調整)}{100} \times \frac{(個別因素調整)}{100}$$

或

$$P_{勘估標的} = P_{比較標的} + 情況調整 + 價格日期調整 + 區域因素調整 + 個別因素調整$$

👔 實例 A

情況調整=+5,000,000

情況調整率=+5,000,000/163,000,000=+3.07%

$$價格日期調整 = \frac{95}{100}$$

$$區域因素調整 = \frac{100}{100} \quad （同一近鄰地區）$$

$$個別因素調整 = \frac{96}{100}$$

A 總調整率=3.07%+5%+0%+4%=12.07%≤30%

$$P_{試算價格A} = \left(163,000,000 + 5,000,000\right) \times \frac{95}{100} \times \frac{100}{100} \times \frac{96}{100} = 153,216,000$$

實例 B

$$情況調整 = \frac{100}{100}$$

$$價格日期調整 = \frac{96}{100}$$

$$區域因素調整 = \frac{100}{100}$$

$$個別因素調整 = \frac{107}{100}$$

B 總調整率=0%+4%+0%+7%=11%≤30%

$$P_{試算價格B} = 149,000,000 \times \frac{100}{100} \times \frac{96}{100} \times \frac{100}{100} \times \frac{107}{100} = 153,052,800$$

實例 C

依不動產估價技術規則第 12 條之規定：

不動產估價師應依下列原則蒐集比較實例：

1. 實例之價格屬正常價格、可調整為正常價格或與勘估標的價格種類相同者。

2. 與勘估標的位於同一供需圈之近鄰地區或類似地區者。

3. 與勘估標的使用性質或使用管制相同或相近者。

4. 實例價格形成日期與勘估標的之價格日期接近者。

由於實例 C 位於住宅區與勘估標的甲位於工業區明顯使用管制不同，故不予採用。

實例 D

$$情況調整 = \frac{100}{101}$$

$$價格日期調整 = \frac{99}{100}$$

$$區域因素調整 = \frac{100}{100}$$

個別因素調整$=\dfrac{92}{100}$

C 總調整率$=1\%+1\%+0\%+8\%=10\%\leq30\%$

$P_{\text{試算價格}D}=170,000,000\times\dfrac{100}{101}\times\dfrac{99}{100}\times\dfrac{100}{100}\times\dfrac{92}{100}=153,302,970$

技術規則 26 條之檢定

A-B 間

$$\frac{\left|P_{\text{試算價格}A}-P_{\text{試算價格}B}\right|}{\dfrac{(P_{\text{試算價格}A}+P_{\text{試算價格}B})}{2}}=\frac{\left|153,216,000-153,052,800\right|}{\dfrac{(153,216,000+153,052,800)}{2}}=0.001066\leq0.2$$

A-D 間

$$\frac{\left|P_{\text{試算價格}A}-P_{\text{試算價格}D}\right|}{\dfrac{(P_{\text{試算價格}A}+P_{\text{試算價格}D})}{2}}=\frac{\left|153,216,000-153,302,970\right|}{\dfrac{(153,216,000+153,302,970)}{2}}=0.000567\leq0.2$$

B-D 間

$$\frac{\left|P_{\text{試算價格}B}-P_{\text{試算價格}D}\right|}{\dfrac{(P_{\text{試算價格}B}+P_{\text{試算價格}D})}{2}}=\frac{\left|153,052,800-153,302,970\right|}{\dfrac{(153,052,800+153,302,970)}{2}}=0.001633\leq0.2$$

通過技術規則 26 條之檢定，且試算價格有 3 個，符合技術規則 27 條之規定

A 權重$=\dfrac{\dfrac{1}{12.07}}{\dfrac{1}{12.07}+\dfrac{1}{11}+\dfrac{1}{10}}=30.264\%$

B 權重$=\dfrac{\dfrac{1}{11}}{\dfrac{1}{12.07}+\dfrac{1}{11}+\dfrac{1}{10}}=33.208\%$

$$D \text{ 權重} = \frac{\frac{1}{10}}{\frac{1}{12.07} + \frac{1}{11} + \frac{1}{10}} = 36.528\%$$

故決定比較價格為：

$$P_{\text{比較價格}} = 30.264\% \times 153,216,000 + 33.208\% \times 153,052,800 + 36.528\% \times 153,302,970$$

$$= 153,193,573 \text{ 元}$$

第七節　特別補充

比較法優劣調整方法之技巧

舉例說明

勘估標的比比較標的優 10%

假設勘估標的價格為 X，比較標的價格為 100

則

$$X = 100 \times \frac{110}{100} = 110$$

同樣的意思，也可以說成比較標的比勘估標的劣 10%

但這時，以同樣的邏輯解題

$$100 = X \times \frac{90}{100}$$

$$X = 100 \times \frac{100}{90} = 111.11$$

卻是會不大一樣

所以，我們在做比較法之百分率調整時，要注意

若以勘估標的為語句的出發，以比較標的的價格為基準時，調整率為 $\frac{***}{100}$

若以比較標的為語句的出發，以勘估標的的價格為基準時，調整率為 $\frac{100}{***}$

不動產估價師 91 年高考曾經命題過

實例 A

於民國 91 年 2 月 1 日訂定買賣契約，成交金額為 163,000,000 元。雙方約定本件買賣應繳納之土地增值稅 5,000,000 元，由買方負擔。

若該命題調整為土地增值稅 5,000,000 元、契稅 500,000 元、其他負擔 50,000 元，所有稅賦雙方約定皆由買方負擔 70%，賣方負擔 30%，則該命題的情況調整應為多少呢？

從 91 年的命題知道，本應賣方負擔的稅負，若實際為買方負擔，則情況調整的符號為+（加號）。

因此，題目若修正如上，則應把握情況調整主要就是將非屬於一般正常情形調整成為正常的手段，所以，先將非屬於一般正常的調整量求出後，依本應賣方支付而成為買方負擔的部分給予調整符號+（加號），同理，本應買方支付而成為賣方負擔的部分給予調整符號 –（減號）。

另外，則需知道法律或習慣上，土地增值稅為賣方負擔、契稅為買方負擔、其他負擔為雙方各半。

故計算如下

土地增值稅的情況調整量為 5,000,000×0.7=3,500,000，調整符號為+（加號）

契稅的情況調整量為 500,000×0.3=150,000，調整符號為–（減號）

其他負擔的情況調整量為 50,000×0.2=10,000，調整符號為+（加號）

所以，該題之情況調整為+3,500,000-150,000+10,000=3,160,000 元

比較法的運用重點可歸納以下的技術規則之綜合運用

1. 同類方能比較：技術規則第 12 條第 3 款（同一使用分區）

2. 比較標的很像：技術規則第 25 條（區域因素、個別因素單一調整 $\leq 15\%$，情況調正＋價格日期調整＋區域因素調整＋個別因素調整 $\leq 30\%$）

3. 試算價格很準：技術規則第 26 條 $\dfrac{|A+B|}{\dfrac{A+B}{2}} \leq 0.2$， $C_2^n = \dfrac{n!}{(n-2)!2!} = \dfrac{n \times (n-1)}{2}$

4. 比較案例夠多：技術規則第 27 條（貨比 3 家不吃虧）

估價方法—成本法

第一節　不動產估價技術規則相關條文
第二節　相關估價原則
第三節　估價程序
第四節　估價方法
第五節　應用限制
第六節　估價實務問題舉例

成本法，指求取勘估標的於價格日期之重建成本或重置成本，扣減其累積折舊額或其他應扣除部分，以推算勘估標的價格之方法。

依前項方法所求得之價格為成本價格。

$$P_{房地價格} = X_{土地價格} + X_{建物重建（重置）價值} - 減價折舊修正額$$

其中：

$P_{房地價格}$：房地之成本價格。

$X_{土地價格}$：以比較法、收益法、土地開發分析法或其他方法推求之土地價格依技術規則第 69 條推算之土地總成本。

第一節　不動產估價技術規則相關條文

第 48 條　成本法，指求取勘估標的於價格日期之重建成本或重置成本，扣減其累積折舊額或其他應扣除部分，以推算勘估標的價格之方法。

依前項方法所求得之價格為成本價格。

建物估價以求取重建成本為原則。但建物使用之材料目前已無生產或施工方法已改變者，得採重置成本替代之。

重建成本，指使用與勘估標的相同或極類似之建材標準、設計、配置及施工品質，於價格日期重新複製建築所需之成本。

重置成本，指與勘估標的相同效用之建物，以現代建材標準、設計及配置，於價格日期建築所需之成本。

第 49 條　成本法估價之程序如下：

一、蒐集資料。

二、現況勘察。

三、調查、整理、比較及分析各項成本及相關費用等資料。

四、選擇適當方法推算營造或施工費。

五、推算其他各項費用及利潤。

六、計算總成本。

七、計算建物累積折舊額。

八、計算成本價格。

第 50 條　成本法估價除依第十一條規定蒐集資料外，另得視需要申請及蒐集下列土地及建物所需資料：

一、土地開發及建築構想計畫書。

二、設計圖說。

三、相關許可或執照。

四、施工計畫書。

五、竣工圖。

六、使用執照。

七、登記（簿）謄本或建物平面位置圖。

第 51 條　成本法估價應蒐集與勘估標的同一供需圈內之下列資料：

一、各項施工材料、人工之價格水準。

二、營造、施工、規劃、設計、廣告、銷售、管理及稅捐等費用資料。

三、資本利率。

四、開發或建築利潤率。

第 52 條　勘估標的之總成本應包括之各項成本及相關費用如下：

一、營造或施工費。

二、規劃設計費。

三、廣告費、銷售費。

四、管理費。

五、稅捐及其他負擔。

六、資本利息。

七、開發或建築利潤。

前項勘估標的為土地或包含土地者，總成本應加計價格日期當時之土地價格。

總成本各項計算過程應核實填寫於成本價格計算表內。

第 53 條　勘估標的之營造或施工費，項目如下：

一、直接材料費。

二、直接人工費。

三、間接材料費。

四、間接人工費。

五、管理費。

六、稅捐。

七、資本利息。

八、營造或施工利潤。

第 54 條　勘估標的之營造或施工費，得按下列方法擇一求取之：

　　　　　一、直接法：指就勘估標的之構成部分或全體，調查其使用材料之種別、品級、數量及所需勞力種別、時間等，並以勘估標的所在地區於價格日期之各種單價為基礎，計算其營造或施工費。

　　　　　二、間接法：指就同一供需圈內近鄰地區或類似地區中選擇與勘估標的類似之比較標的或標準建物，經比較與勘估標的營造或施工費之條件差異並作價格調整，以求取勘估標的營造或施工費。

第 55 條　直接法分為下列二種：

　　　　　一、淨計法：指就勘估標的所需要各種建築材料及人工之數量，逐一乘以價格日期當時該建築材料之單價及人工工資，並加計管理費、稅捐、資本利息及利潤。

　　　　　二、單位工程法：係以建築細部工程之各項目單價乘以該工程施工數量，並合計之。

第 56 條　間接法分為下列二種：

　　　　　一、工程造價比較法：指按工程概算項目逐項比較勘估標的與比較標的或標準建物之差異，並依工程價格及工程數量比率進行調整，以求取勘估標的營造或施工費。

　　　　　二、單位面積（或體積）比較法：指以類似勘估標的之比較標的或標準建物之單位面積（或體積）營造或施工費單價為基礎，經比較並調整價格後，乘以勘估標的之面積（或體積）總數，以求取勘估標的營造或施工費。

　　　　前項所稱標準建物，指按營造或施工費標準表所營造或施工之建物。

　　　　前項營造或施工費標準表應由不動產估價師公會全國聯合會（以下簡稱全聯會）按不同主體構造種類及地區公告之。未公告前，應依直轄市或縣（市）政府發布地價調查用建築改良物標準單價表為準。

第 57 條 　勘估標的為建物時，規劃設計費按內政部所定建築師酬金標準表及直轄市或縣（市）政府發布之建造執照工程造價表計算之，或按實際營造施工費之百分之二至百分之三推估之。

第 58 條 　勘估標的之資本利息應依分期投入資本數額及資本使用年數，按自有資金與借貸資金分別計息，其自有資金與借貸資金比例，應依銀行一般放款成數定之。

　　　　前項資本利息之計算，應按營造施工費、規劃設計費、廣告費、銷售費、管理費、稅捐及其他負擔之合計額乘以利率計算。

　　　　第一項勘估標的為土地或包含土地者，前項合計額應另加計土地價格。

第 59 條 　資金中自有資金之計息利率應不高於一年期定存利率且不低於活存利率；借款則以銀行短期放款利率計息；預售收入之資金應不計息。

第 60 條 　勘估標的之開發或建築利潤應視工程規模、開發年數與經濟景氣等因素，按營造或施工費、規劃設計費、廣告費、銷售費、管理費、資本利息、稅捐及其他負擔之合計額乘以適當利潤率計算之。

　　　　前項利潤率應由全聯會定期公告；未公告前依營造或建築業之平均經營利潤率為準，並得依開發或建物形態之不同，考量經營風險及開發或建築工期之長短酌予調整之。

　　　　前項建築工期指自申請建造執照開始至建築完成達到可交屋使用為止無間斷所需之時間。

　　　　第一項勘估標的為土地或包含土地者，合計額應另加計土地價格。

第 61 條 　廣告費、銷售費、管理費及稅捐，應按總成本乘以相關費率計算，相關費率應由全聯會定期公告之。

第 62 條 　廣告費、銷售費、管理費、稅捐及開發或建築利潤，視勘估標的之性質，於成本估價時得不予計入。

第 63 條 　未完工之建物應依實際完成部分估價，或以標準建物之營造或施工費標準表為基礎，參考建物工程進度營造費用比例表估算之。

　　　　前項建物工程進度營造費用比例表，由全聯會公告之。

第 64 條　因特殊狀況致土地或建物投資無法產生相對正常報酬之成本，於成本估價時得不予計入或於折舊中扣除，並應於估價報告書中敘明。

第 65 條　建物折舊額計算應以經濟耐用年數為主，必要時得以物理耐用年數計算。

　　　　經濟耐用年數指建物因功能或效益衰退至不值得使用所經歷之年數。

　　　　物理耐用年數指建物因自然耗損或外力破壞至結構脆弱而不堪使用所經歷之年數。

　　　　建物之經歷年數大於其經濟耐用年數時，應重新調整經濟耐用年數。

第 66 條　建物經濟耐用年數表由全聯會依建物之經濟功能及使用效益，按不同主體構造種類及地區公告之。

第 67 條　建物之殘餘價格率應由全聯會公告之，並以不超過百分之十為原則。

　　　　建物耐用年數終止後確實無殘餘價格者，於計算折舊時不予提列。

　　　　第一項所稱殘餘價格率，指建物於經濟耐用年數屆滿後，其所賸餘之結構材料及內部設備仍能於市場上出售之價格占建物總成本之比率。

　　　　依第一項殘餘價格率計算建物殘餘價格時，應考量建物耐用年數終止後所需清理或清除成本。

第 68 條　建物累積折舊額之計算，應視建物特性及市場動態，選擇屬於等速折舊、初期加速折舊或初期減速折舊路徑之折舊方法。

　　　　建物累積折舊額之計算，除考量物理與功能因素外，並得按個別建物之實際構成部分與使用狀態，考量經濟因素，觀察維修及整建情形，推估建物之賸餘經濟耐用年數，加計已經歷年數，求算耐用年數，並於估價報告書中敘明。

第 69 條　成本價格之計算公式如下：
一、土地價格＝土地總成本。
二、建物成本價格＝建物總成本－建物累積折舊額。
三、房地成本價格＝土地價格＋建物成本價格。

　　　　前項土地價格之求取有困難者，得以比較法或收益法計算之，並於估價報告書中敘明。以比較法或收益法計算土地價格者，並需考量土地部分之廣告費、銷售費、管理費、稅捐、資本利息及利潤之合理性。

依第一項規定計算土地價格，得考量已投入土地開發改良因時間經過造成之減損，並於土地總成本中扣除。

第二節 相關估價原則

替代原則

不動產估價技術規則第 48 條

成本法，指求取勘估標的於價格日期之重建成本或重置成本，扣減其累積折舊額或其他應扣除部分，以推算勘估標的價格之方法。

依前項方法所求得之價格為成本價格。

建物估價以求取重建成本為原則。但建物使用之材料目前已無生產或施工方法已改變者，得採重置成本替代之。

重建成本，指使用與勘估標的相同或極類似之建材標準、設計、配置及施工品質，於價格日期重新複製建築所需之成本。

重置成本，指與勘估標的相同效用之建物，以現代建材標準、設計及配置，於價格日期建築所需之成本。

$$P_{房地價格} = X_{土地價格} + X_{建物重建（重置）價值} - 減價折舊修正額$$

其中：

$P_{房地價格}$：房地之成本價格。

$X_{土地價格}$：以比較法、收益法、土地開發分析法或其他方法推求之土地價格依技術規則第 69 條推算之土地總成本。

從成本法之定義及公式中可知，建物之估價實以效用為主要之考量，故雖以重建成本為原則，但亦可以重置成本「替代」之。

在不動產估價技術規則中之推算營造及施工費之間接法也說明了是以「比較、替代」為基礎，來推算出勘估標的之營造及施工費。其相關條文如下：

不動產估價技術規則第 54 條

勘估標的之營造或施工費，得按下列方法擇一求取之：

一、直接法：指就勘估標的之構成部分或全體，調查其使用材料之種別、品級、數量及所需勞力種別、時間等，並以勘估標的所在地區於價格日期之各種單價為基礎，計算其營造或施工費。

二、間接法：指就同一供需圈內近鄰地區或類似地區中選擇與勘估標的類似之比較標的或標準建物，經比較與勘估標的營造或施工費之條件差異並作價格調整，以求取勘估標的營造或施工費。

不動產估價技術規則第 56 條

間接法分為下列二種：

一、工程造價比較法：指按工程概算項目逐項比較勘估標的與比較標的或標準建物之差異，並依工程價格及工程數量比率進行調整，以求取勘估標的營造或施工費。

二、單位面積（或體積）比較法：指以類似勘估標的之比較標的或標準建物之單位面積（或體積）營造或施工費單價為基礎，經比較並調整價格後，乘以勘估標的之面積（或體積）總數，以求取勘估標的營造施工費。

前項所稱標準建物，指按營造或施工費標準表所營造或施工之建物。

前項營造或施工費標準表應由不動產估價師公會全國聯合會（以下簡稱全聯會）按不同主體構造種類及地區公告之。未公告前，應依直轄市或縣（市）政府發布地價調查用建築改良物標準單價表為準。

故從以上不動產估價技術規則之說明了解「替代」原則應用於成本法之重要性。

供需原則

雖然不動產市場並非完全競爭市場，且不動產間之替代性也非完全，但供給與需求的數量多寡仍然會反映出買賣雙方之力道強度。一般說來，當供給過剩時會形成買方市場，價格不易高漲；反之，若需求強勁時，則不動產價格常會出現追價的情形。而在成本法中之興建重置或重建成本，也會隨著不動產的供給需求

狀況而使其重置或重建成本內之合理利潤有所調整，換句話說，當成本無法與價格成比例變動時，則建築物之投資將會使合理利潤為之失真，而出現較多利潤或較少利潤。

均衡原則

從經濟學的角度來看，不動產之價格受生產的四大要素—土地、勞力、資本、企業家經營能力的影響。而四大生產要素的均衡投入方可創造出不動產之最高最有效使用，也就是在均衡投入生產四大要素時方可造就不動產之最高價格。

由於四大要素之投入量皆為不動產之「內部」要素，故均衡原則為「內部性」原則之一種。

就成本法而言，生產的四大要素—土地、勞力、資本、企業家經營能力的投入皆可視為成本之投入，也就是重建成本或重製成本之一，而其均衡性影響不動產之價格甚巨，故均衡原則為成本法之重要原則。

外部性原則

諾貝爾獎之寇斯定理(Coase Theorem)中曾提到「外部成本內部化」之概念，意思是指，外部的環境亦可能會因「外部性」的影響而形成本身之成本增加，進而影響本身之淨收益的大小。

就不動產而言，外部環境的影響除了前面所提之適合原則外，其有可能產生「外部性」的各項設施，是會影響近鄰不動產之價格的，如嫌惡設施的設置，必會對不動產價格產生負面影響。

最高最有效使用原則

由於土地或不動產的利用牽涉到使用人的特定需求或目的，往往可能會低度使用、違規使用、閒置不用等狀況，若只依其現況用收益法之觀點來估算其價格就會產生同一勘估標的物會有甚大之差異，甚至可能造成估算出來之收益價格為負數亦有可能，這就產生不合理之現象，故再估算一勘估標的物時，一定先得檢視其目前之使用是否以達「最高最有效」之狀態，以便達到此勘估標的之較適價格。

因此勘估標的若為空地，估價師即可假設該地之最高最有效之狀況，推算出該地之適當價格。同理，當勘估標的若已有建築改良物，則估價師亦應檢討其已存在之改良物是否是最高最有效使用，若有則依現況估價，否則應假設拆除該建築物而重新建築作最高最有效使用該地。若其效用價值高於重新建築及拆除舊建築物等之相關費用，則應以新利用估價，反之，則以現況估價。

不動產估價技術規則第 2 條第 17 款

最有效使用：使客觀上具有良好意識及通常之使用能力者，在合法、實質可能、正當合理、財務可行前提下，所作得以獲致最高利益之使用。

故最高最有效使用應可定義為：

空地或有改良建築物之不動產在法律面可行、技術面可行、市場面可行、投資面可行之可能狀況下，所形成之最高價值之不動產利用狀況。

第三節　估價程序

成本法估價之程序如下：

一、蒐集資料。

二、現況勘察。

三、調查、整理、比較及分析各項成本及相關費用等資料。

四、選擇適當方法推算營造或施工費。

五、推算其他各項費用及利潤。

六、計算總成本。

七、計算建物累積折舊額。

八、計算成本價格。

第四節　估價方法

成本價格之計算公式如下：

公式：　$P_{房地價格} = X_{土地價格} + X_{建物重建（重置）價值} - 減價折舊修正額$

其中：

$P_{房地價格}$：房地之成本價格。

$X_{土地價格}$：以比較法、收益法、土地開發分析法或其他方法推求之土地價格依技術規則第 69 條推算之土地總成本。

一、土地成本價格＝土地總成本。

二、建物成本價格＝建物總成本－建物累積折舊額。

　　或建物成本價格＝建物總成本×【 1－(年折舊率×經歷年數) 】。

三、房地成本價格＝土地成本價格＋建物成本價格。

　　前項土地價格之求取有困難者，得以比較法或收益法計算之，並於估價報告書中敘明。以比較法或收益法計算土地價格者，並需考量土地部分之廣告費、銷售費、管理費、稅捐、資本利息及利潤之合理性。

　　求 $X_{建物重建（重置）價值}$：$X_{建}$

一、定義及總成本項目

　　重建成本，指使用與勘估標的相同或極類似之建材標準、設計、配置及施工品質，於價格日期重新複製建築所需之成本。

　　重置成本，指與勘估標的相同效用之建物，以現代建材標準、設計及配置，於價格日期建築所需之成本。

　　勘估標的之總成本應包括之各項成本及相關費用如下：

1. 營造或施工費。

2. 規劃設計費。

3. 廣告費、銷售費。

4. 管理費。

5. 稅捐及其他負擔。

6. 資本利息。

7. 開發或建築利潤。

　　前項勘估標的為土地或包含土地者，總成本應加計價格日期當時之土地價格。

　　總成本各項計算過程應核實填寫於成本價格計算表內。

二、營造或施工費(C)

　　勘估標的之營造或施工費，項目如下：

1. 直接材料費。

2. 直接人工費。

3. 間接材料費。

4. 間接人工費。

5. 管理費。

6. 稅捐。

7. 資本利息。

8. 營造或施工利潤。

　　勘估標的之營造或施工費，得按下列方法擇一求取之：

(1) 直接法

　　　　指就勘估標的之構成部分或全體，調查其使用材料之種別、品級、數量及所需勞力種別、時間等，並以勘估標的所在地區於價格日期之各種單價為基礎，計算其營造或施工費。

　　　　直接法分為下列二種：

　　　　a. 淨計法：

　　　　　　指就勘估標的所需要各種建築材料及人工之數量，逐一乘以價格日期當時該建築材料之單價及人工工資，並加計管理費、稅捐、資本利息及利潤。

b. 單位工程法：

係以建築細部工程之各項目單價乘以該工程施工數量，並合計之。

(2) 間接法

指就同一供需圈內近鄰地區或類似地區中選擇與勘估標的類似之比較標的或標準建物，經比較與勘估標的營造或施工費之條件差異並作價格調整，以求取勘估標的營造或施工費。

間接法分為下列二種：

a. 工程造價比較法：

指按工程概算項目逐項比較勘估標的與比較標的或標準建物之差異，並依工程價格及工程數量比率進行調整，以求取勘估標的營造或施工費。

b. 單位面積（或體積）法：

指以類似勘估標的之比較標的或標準建物之單位面積（或體積）營造或施工費單價為基礎，經比較並調整價格後，乘以勘估標的之面積（或體積）總數，以求取勘估標的營造或施工費。

三、規劃設計費(M_1)

勘估標的為建物時，規劃設計費按內政部所定建築師酬金標準表及直轄市或縣（市）政府發布之建造執照工程造價表計算之，或按實際營造施工費之百分之二至百分之三推估之。

四、廣告費、銷售費(M_2)

廣告費、銷售費、管理費及稅捐，應按總成本乘以相關費率計算，相關費率應由全聯會定期公告之。

五、管理費(M_3)

廣告費、銷售費、管理費及稅捐，應按總成本乘以相關費率計算，相關費率應由全聯會定期公告之。

六、稅捐及其他負擔(M_4)

廣告費、銷售費、管理費及稅捐，應按總成本乘以相關費率計算，相關費率應由全聯會定期公告之。

$$M_2 + M_3 + M_4 = \alpha X_{建} \text{ 或 } \alpha X_{土}$$

七、資本利息(I)

勘估標的之資本利息應依分期投入資本數額及資本使用年數,按自有資金與借貸資金分別計息,其自有資金與借貸資金比例,應依銀行一般放款成數定之。

前項資本利息之計算,應按營造施工費、規劃設計費、廣告費、銷售費、管理費、稅捐及其他負擔之合計額乘以利率計算。第一項勘估標的為土地或包含土地者,前項合計額應另加計土地價格。

$$I = (C + M) \times i$$
i:利率

資金中自有資金之計息利率應不高於一年期定存利率且不低於活存利率;借款則以銀行短期放款利率計息;預售收入之資金應不計息。

$$活存利率 \leq i_{自有} \leq 一年期定存利率$$
$$i_{借貸} = 銀行短期放款利率$$

八、營造或施工利潤(R)

勘估標的之開發或建築利潤應視工程規模、開發年數與經濟景氣等因素,按營造或施工費、規劃設計費、廣告費、銷售費、管理費、資本利息、稅捐及其他負擔之合計額乘以適當利潤率計算之。

$$R = (C + M + I) \times r$$
r:營造或建築業之平均經營利潤率

前項利潤率應由全聯會定期公告;未公告前依營造或建築業之平均經營利潤率為準,並得依開發或建物形態之不同,考量經營風險及開發或建築工期之長短酌予調整之。

前項建築工期指自申請建造執照開始至建築完成達到可交屋使用為止無間斷所需之時間。

第一項勘估標的為土地或包含土地者,合計額應另加計土地價格。

九、依技術規則第 69 條分別求算土地總成本及建物總成本

成本價格之計算公式如下：

1. 土地價格＝土地總成本。

2. 建物成本價格＝建物總成本―建物累積折舊額。

3. 房地成本價格＝土地價格＋建物成本價格。

前項土地價格之求取有困難者，得以比較法或收益法計算之，並於估價報告書中敘明。以比較法或收益法計算土地價格者，並需考量土地部分之廣告費、銷售費、管理費、稅捐、資本利息及利潤之合理性。

因此，土地總成本：

$$X_{土} = P_{土} + M_2 + M_3 + M_4 + I + R$$

$$= P_{土} + M_2 + M_3 + M_4 + I + \left(P_{土} + M_2 + M_3 + M_4 + I\right) \times r$$

$$= \left(P_{土} + M_2 + M_3 + M_4 + I\right) \times \left(1 + r\right)$$

$$= \left(P_{土} + M_2 + M_3 + M_4 + \left(P_{土} + M_2 + M_3 + M_4\right) \times i\right) \times \left(1 + r\right)$$

$$= \left(P_{土} + M_2 + M_3 + M_4\right) \times \left(1 + i\right) \times \left(1 + r\right)$$

$$= \left(P_{土} + \alpha X_{土}\right) \times \left(1 + i\right) \times \left(1 + r\right)$$

$$X_{土} = \left(P_{土} + \alpha X_{土}\right) \times \left(1 + i\right) \times \left(1 + r\right)$$

解上式一元一次方程式即可解出土地總成本 $X_{土}$

同理，建物總成本：

$$X_{建} = P_{建} + M_1 + M_2 + M_3 + M_4 + I + R$$

$$= P_{建} + M_1 + M_2 + M_3 + M_4 + I + \left(P_{建} + M_1 + M_2 + M_3 + M_4 + I\right) \times r$$

$$= \left(P_{建} + M_1 + M_2 + M_3 + M_4 + I\right) \times \left(1 + r\right)$$

$$= \left(P_{建} + M_1 + M_2 + M_3 + M_4 + \left(P_{建} + M_1 + M_2 + M_3 + M_4\right) \times i\right) \times \left(1 + r\right)$$

$$= \left(P_{建} + M_1 + M_2 + M_3 + M_4\right) \times \left(1 + i\right) \times \left(1 + r\right)$$

$$= \left(P_{建} + \beta P_{建} + \alpha X_{建}\right) \times \left(1 + i\right) \times \left(1 + r\right)$$

$$X_{建} = \left((1+\beta)P_{建} + \alpha X_{建}\right) \times (1+i) \times (1+r)$$

其中 $0.02 \le \beta \le 0.03$

解上式一元一次方程式即可解出建物總成本 $X_{建}$

若已知某不動產之興建營造施工費（直接成本）為 1,000 萬，該案之資本利息年利率為 2%，施工期間為 1.5 年，營造或施工利潤為 30%，則其建物總成本為何？

解 依技術規則規定，設該案之規劃設計費為營造施工費之 2%，廣告費銷售費為總成本之 5%，管理費為 4%，稅捐為 1%。

$$i = 2\% \times 1.5 \times 0.5 = 0.015$$

$$X_{建} = ((1+0.02) \times 1,000 + (5\% + 4\% + 1\%) \times X_{建}) \times (1+0.015) \times (1+0.3)$$

$$X_{建} = 1,550.5 萬元$$

求減價折舊修正額

一、發生原因

（一）物理性：物理實體損害

不動產由於自然老化如風吹、日曬、雨淋、氧化、地震或人為使用的磨損皆會引起建築改良物之物理實體磨損，此物理實體損害之影響即為物理性之折舊。

同類型之建物，新建物之市場價格高於舊建物之價格。

（二）功能性：功能性退化

建築改良物若因設計不良、設備落伍、型式老舊等功能性退化原因，則就算其為新品也會產生市場價格之減損，進而使其與重置或重建價格產生差額造成功能性折舊。

 **舉例說明**

> 新蓋之 5 樓公寓，若不設置電梯，造成使用功能之退化，則其市場價格應難以反映其重建成本，而會有功能性之折舊產生。

（三）經濟性：外部性退化

如外部性原則所述，建築改良物會有如寇斯定理(Coase Theorem)中曾提到「外部成本內部化」之概念，意思是指，外部的環境亦可能會因「外部性」的影響而形成本身之成本增加，進而影響本身之淨收益及可售性的大小。

就不動產而言，可能產生「外部性」的各項設施，是會影響近鄰不動產之價格的，如嫌惡設施的設置，必會對不動產價格產生負面影響。另外整體經濟環境之榮枯，影響到不動產之供需情況亦會使不動產產生外部性之退化。

 **舉例說明**

> 臺南市中正商圈由於海安路地下街之工程延宕甚久，造成商圈轉移，整體不動產價格下滑超越其物理性之折舊，實為外部性退化之明顯實例。

二、方法

（一）耐用年數法

建物折舊額計算應以經濟耐用年數為主，必要時得以物理耐用年數計算。

經濟耐用年數指建物因功能或效益衰退至不值得使用所經歷之年數。

物理耐用年數指建物因自然耗損或外力破壞至結構脆弱而不堪使用所經歷之年數。

建物之經歷年數大於其經濟耐用年數時，應重新調整經濟耐用年數。

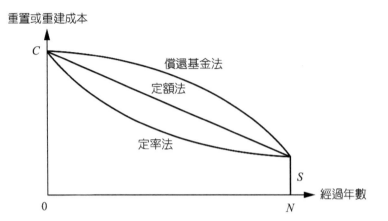

1. 定額法（等速折舊）

所謂定額法，就是指不動產每年之折舊額為「定額」的方法，由於其累積折舊之圖形為一直線，因此也稱為直線折舊法。換句話說，此折舊法適用於「折舊速度從頭至尾皆同」這類的不動產。

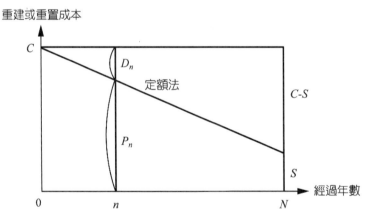

其中：

C：建物總成本。

s：殘餘價格率。

S：殘餘價格＝$C \times s$。

n：已經歷年數。

N：耐用年數。

D：年折舊額。

D_n：至第 n 年之累積折舊額。

P_n：至第 n 年之折舊後殘餘價格。

$$D = \frac{C-S}{N} = \frac{C \times (1-s)}{N}$$

$$D_n = \frac{C-S}{N} \times n = \frac{C \times (1-s)}{N} \times n$$

$$P_n = C - D_n = C - \frac{C-S}{N} \times n = C - \frac{C \times (1-s)}{N} \times n$$

2. 定率法（初期加速折舊）

　　所謂定率法，就是指不動產每年之折舊為前一年之折舊後價格乘以「定率」以得到此年折舊額的方法。因此，每年之折舊額年年皆不同，且由於期初之總成本較大，所以折舊額較高，期末則有漸減之趨勢，換句話說，此折舊法適用於「期初折舊較快、期末折舊較慢」這類的不動產。

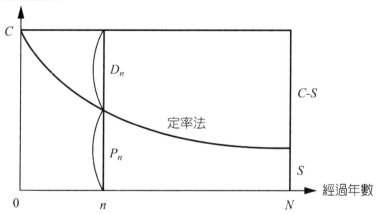

　　其中：

　　C：建物總成本。

　　s：殘餘價格率。

　　S：殘餘價格 $= C \times s$。

　　n：已經歷年數。

　　N：耐用年數。

　　d：年折舊率。

d_n：第 n 年之折舊額。

D_n：至第 n 年之累積折舊額。

P_n：至第 n 年之折舊後殘餘價格。

公式推導如下：

$$d_1 = d \times C$$
$$P_1 = C - d_1 = C - d \times C = C \times (1-d)$$
$$d_2 = d \times P_1$$
$$P_2 = P_1 - d_2 = C \times (1-d) - d \times C \times (1-d) = C \times (1-d) \times (1-d) = C \times (1-d)^2$$

同理類推可得

$$P_n = C \times (1-d)^n$$
$$d_n = d \times P_{n-1} = d \times C \times (1-d)^{n-1}$$

$$\because P_N = C \times (1-d)^N = S \quad \therefore (1-d)^N = \frac{S}{C} = s$$

$$d = 1 - s^{\frac{1}{N}} = 1 - \left(\frac{S}{C}\right)^{\frac{1}{N}}$$

代入前式

$$D_n = C - P_n = C - C \times \left(\frac{S}{C}\right)^{\frac{n}{N}}$$

$$D_n = C - P_n = C - C \times \left(\frac{S}{C}\right)^{\frac{n}{N}}$$

3. 償還基金法（其減速折舊）

所謂償還基金法，就是指於折舊期間每年皆提存「定額基金」，若按一定年利率複利計算，使此「定額基金」到期末之本利和剛好「償還」其折舊額的折舊方法。由於此方法之累積折舊額呈現期初較少、期末較多之趨勢，換句話說，此折舊法適用於「期初折舊較慢、期末折舊較快」這類的不動產。

　　由於此法也是每年提存「定額」之折舊，因此也可視為「定額法」加計利息之變形方法，所以前述所說之「定額法」實可視為償還基金法之存款年利率為零之特別狀況。

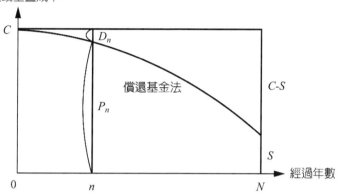

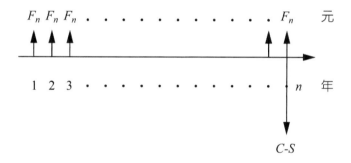

　　其中：

　　C：建物總成本。

　　s：殘餘價格率。

　　S：殘餘價格＝$C \times s$。

　　n：已經歷年數。

　　N：耐用年數。

　　F_n：償還基金年折舊額。

　　D_n：至第 n 年之累積折舊額。

　　P_n：至第 n 年之折舊後殘餘價格。

公式推導如下：

$$F_n \times (1+r)^{N-1} + F_n \times (1+r)^{N-2} + F_n \times (1+r)^{N-3} + \cdots\cdots + F_n = C - S$$

$$F_n + \cdots\cdots + F_n \times (1+r)^{N-3} + F_n \times (1+r)^{N-2} + F_n \times (1+r)^{N-1} = C - S$$

$$C - S = \frac{首項 \times (1-公比^{項數})}{1-公比} = \frac{F_n \times \left\{ 1-(1+r)^N \right\}}{1-(1+r)} = \frac{F_n \times \left\{ (1+r)^N - 1 \right\}}{r}$$

則每年提存額　$F_n = \dfrac{(C-S) \times r}{(1+r)^N - 1}$

再推求出：

$$D_n = F_n \times (1+r)^{n-1} + F_n \times (1+r)^{n-2} + F_n \times (1+r)^{n-3} + \cdots\cdots + F_n$$

$$= F_n + \cdots\cdots + F_n \times (1+r)^{n-3} + F_n \times (1+r)^{n-2} + F_n \times (1+r)^{n-1}$$

$$= \frac{首項 \times (1-公比^{項數})}{1-公比} = \frac{F_n \times \left\{ 1-(1+r)^n \right\}}{1-(1+r)} = \frac{F_n \times \left\{ (1+r)^n - 1 \right\}}{r}$$

$$= \frac{(C-S) \times r}{(1+r)^N - 1} \times \frac{(1+r)^n - 1}{r} = (C-S) \times \frac{(1+r)^n - 1}{(1+r)^N - 1}$$

故　$P_n = C - D_n = C - (C-S) \times \dfrac{(1+r)^n - 1}{(1+r)^N - 1}$

舉例說明

　　某不動產之重建價格為 1,000 萬，耐用年限 30 年，年限期滿時之殘價率為 10%，試分別以定額法、定率法及償還基金法（折舊提存金之儲蓄利率為 5%），計算該不動產於 15 年後之積算價格。

解

(1) 定額法

$$P_{15} = 1,000 - \frac{1,000 \times (1-10\%)}{30} \times 15 = 550萬$$

(2) 定率法

$$(1-d)^{30} = 0.1$$

$$\Rightarrow d = 1 - 0.1^{\frac{1}{30}} = 0.0739$$

$$\Rightarrow P_{15} = 1,000 \times (1-0.0739)^{15} = 316.13萬$$

(3) 償還基金法

$$\frac{F_n\left[(1+0.05)^{30}-1\right]}{0.05} = 1,000 \times (1-0.1) \Rightarrow F_n = 13.5463$$

$$D_{15} = 13.5463 \times \frac{\left[(1+0.05)^{15}-1\right]}{0.05} = 292.31$$

$$P_{15} = 1000 - D_{15} = 1000 - 292.31 = 707.69萬$$

耐用年數法之應用與限制：
(a) 只考慮到建築改良物之物理性折舊。
(b) 須先判斷折舊現象一致、先快後慢、先慢後快，才可用相對應之折舊法，但若勘估對象標的之折舊現象為不規則時顯會失真。
(c) 無法區分長、短耐用年限之事實狀況，折舊值失真。

（二）市場抽取法

所謂市場抽取法，是以「比較法」之技巧，從市場上搜尋類似之比較標的，抽取之折舊額，轉換成「年折舊率」，再套用至勘估標的物求取總折舊額之方法。

其求取之步驟如下：

1. 搜尋類似之比較標的及其交易價格。
2. 適當方法求取比較標的之土地價值。
3. 比較標的之建物折舊後價格等於比較標的之交易價格減其土地價格。
4. 求取比較標的之重置或重建價格。
5. 比較標的之總折舊額等於其重置或重建價格減建物折舊後價格。
6. 比較標的之總折舊率等於其總折舊額除以其重置或重建價格。

7. 比較標的之年折舊率等於其總折舊率除以已經歷年數。

8. 勘估標的之總折舊率等於其已經歷年數乘以比較標的之年折舊率。

9. 勘估標的之總折舊額等於其總折舊率乘以勘估標的之重建成本。

　市場抽取法之應用與限制：

(1) 搜尋不到比較標的時，無法比較適用。

(2) 比較標的與勘估標的之折舊數額或類型差異甚大時，難以調整適用。

(3) 考慮折舊方式為平均年折舊率，可能與事實不符。

（三）分解法

　　前面所提之耐用年數法及市場抽取法皆是把建築改良物視為「耐用年限一致」之想法，但整體而言主結構部份與附屬設施部分之耐用年限卻是差異甚大，如鋼骨大樓之主體結構耐用年限應可長達 50 年，但其電梯設備卻難以使用長達 50 年，因此，若將其用一定之耐用年數來折舊顯然與事實不符，因此應當分解成「長、短耐用年限」較為合理。另外在功能性之退化、經濟性退化亦應將其「分解」分別計算，再將物理性、功能性、經濟性之折舊額加總得其總折舊額。

　　分解法之應用與限制：

1. 無法分辨長短期之分別耐用年數為何時，無法適用。

2. 無法分辨物理性、功能性、經濟性之折舊額各為多少時，無法適用。

（四）觀察法

　　由於建物本身的折舊包括物理性、功能性、經濟性之折舊，估價人員可依專業之經驗及現場折舊狀況以「觀察」的方式推估適當之折舊減損，進而得到折舊之量化金額。

第五節　應用限制

$$P_{房地價格} = X_{土地價格} + X_{建物重建（重置）價值} - 減價折舊修正額$$

其中：

$P_{房地價格}$：房地之成本價格。

$X_{土地價格}$：以比較法、收益法、土地開發分析法或其他方法推求之土地價格依技術規則第 69 條推算之土地總成本。

成本法在從公式上可了解下列情形時會有應用上之限制。

一、難以求出重建或重置價格時

 舉例說明

　　如求取「埃及金字塔」之重建或重置成本顯然難以估算，此時，成本法顯然無法應用。

二、減價折舊額難以估算出時，如前各折舊法所述之應用限制

（一）耐用年數法之應用與限制

1. 只考慮到建築改良物之物理性折舊。

2. 須先判斷折舊現象是一致、先快後慢、先慢後快，才可用相對應之折舊法，但若勘估對象標的之折舊現象為不規則時顯會失真。

3. 無法區分長、短耐用年限之事實狀況，折舊值失真。

（二）市場抽取法之應用與限制

1. 搜尋不到比較標的時，無法比較適用。

2. 比較標的與勘估標的之折舊數額或類型差異甚大時，難以調整適用。

3. 考慮折舊方式為定額直線折舊，可能與事實不符。

（三）分解法之應用與限制

1. 無法分辨長短期之分別耐用年數為何時，無法適用。

2. 無法分辨物理性、功能性、經濟性之折舊額各為多少時，無法適用。

第六節　估價實務問題舉例

以下為 91 年不動產估價師之不動產估價實務高考題目。

👤 估價條件

一、經確認後之甲不動產，具有下列物理及權利屬性：

1. 基地之標示為 00 市 00 段 321 號，面積 2,000 平方公尺，面臨 10 米道路。

2. 建築物乃一樓之平面廠房，標示為 00 市 00 段 123 號，總樓地板面積 1,000 平方公尺。

3. 位於都市計畫工業區，法定建蔽率為 50%，容積率為 100%。

4. 甲不動產為其所有權人單獨所有，無他項權利之設定。

二、價格日期：民國 91 年 12 月 1 日。

三、勘查日期：民國 91 年 12 月 16 日。

四、估價目的：買賣。

五、估價種類：正常價格。

👤 成本法之相關條件

經調查結果，勘估標的廠房部份之重建價格為 12,000 元／平方公尺，其經濟耐用年數為 50 年，現已歷經 10 年，經濟耐用年限屆滿時之殘餘價格率為 10%。請採用償還基金法（償還基金之儲蓄年利率為 3%），計算其折舊額，進而推算勘估標的的廠房之成本價格，然後加上其基地地價，以求取甲不動產之試算價格。茲因工業用地 E 之買賣實例可信度極高，故調整其交易價格，以求算甲不動產之基地地價。E 之相關資料陳述如下：

1. 本實例乃座落於甲不動產南鄰街廓之工業用地，面臨 10 米道路，基地面積 2,100 平方公尺。

2. 位於都市計畫工業區，法定建蔽率為 50%，容積率為 100%。

3. 經查實例 E 於民國 91 年 4 月 1 日訂定買賣契約，成交金額為 150,000,000 元。

4. 自實例 E 之價格形成日期起，迄本估價案之價格日期（民國 91 年 12 月 1 日），該地區該類型不動產之地價變動率為 4%（故期日修正率為 96/100）。

5. 綜合判斷結果，實例 E 之個別因素較甲不動產之基地優 1%（故個別因素修正率為 99/100）。

解 由於成本法無法求出基地價格，故本題結合「比較法」求取基地價格，再用「成本法」求取廠房之成本價格，加計後求取戡估標的之價格。

又由於工業廠房之房地價可採「聯合貢獻說」來做分析，所以有關比較法之試算價格皆以比較實例之成交金額總價來做調整試算。

(1) 基地價格之求取：

$$P_{試算價格} = P_{比較標的} \times \frac{(情況調整)}{100} \times \frac{(價格日期調整)}{100} \times$$
$$\frac{(區域因素調整)}{100} \times \frac{(個別因素調整)}{100}$$

👤 實例 E

$$情況調整 = \frac{100}{100}$$

$$價格日期調整 = \frac{96}{100}$$

$$區域因素調整 = \frac{100}{100}$$

$$個別因素調整 = \frac{99}{100}$$

$$P_{試算價格G} = 150,000,000 \times \frac{100}{100} \times \frac{96}{100} \times \frac{100}{100} \times \frac{99}{100} = 142,560,000$$

(2) 建物價格之求取：

先求取償還基金法之年折舊額

$$F_n = \frac{(C-S) \times r}{(1+r)^N - 1} = \frac{(12,000,000 - 0.1 \times 12,000,000) \times 0.03}{(1+0.03)^{50} - 1} = 95,747$$

再求取建物之成本價格

$$P_{建物} = P_{10} = C - D_{10} = C - \frac{F_n \times \{(1+r)^n - 1\}}{r}$$

$$= 12,000,000 - 95,747 \times \frac{(1+0.03)^{10} - 1}{0.03} = 10,902,368$$

(3) 求勘估標的之成本價格：

$$P_{成本法價格} = P_{土地} + P_{建物}$$

$$= 142,560,000 + 10,902,368 = 153,462,368 \text{ 元}$$

(4) 決定勘估標的之成本價格：

決定勘估標的之成本價格為 153,460,000 元。

估價方法─收益法

第一節　不動產估價技術規則相關條文

第二節　相關估價原則

第三節　估價程序

第四節　估價方法

第五節　應用限制

第六節　估價實務問題舉例

第一節　不動產估價技術規則相關條文

第 28 條　收益法得採直接資本化法、折現現金流量分析法等方法。

依前項方法所求得之價格為收益價格。

第 29 條　直接資本化法，指勘估標的未來平均一年期間之客觀淨收益，應用價格日期當時適當之收益資本化率推算勘估標的價格之方法。

第 30 條　直接資本化法之計算公式如下：

收益價格＝

勘估標的未來平均一年期間之客觀淨收益÷收益資本化率

$$P_{收益價格} = \frac{a}{r}$$

其中：

　　a：房地年收益淨收益＝房地年有效總收入－房地年總費用。

　　r：房地年綜合收益資本化率。

第 31 條　折現現金流量分析法，指勘估標的未來折現現金流量分析期間之各期淨收益及期末價值，以適當折現率折現後加總推算勘估標的價格之方法。

前項折現現金流量分析法，得適用於以投資為目的之不動產投資評估。

第 32 條　折現現金流量分析法之計算公式如下：

$$P = \sum_{k=1}^{n'} CF_k / (1+Y)^k + P_{n'} / (1+Y)^{n'}$$

其中：

　　P：收益價格。

　　CF_k：各期淨收益。

　　Y：折現率。

　　n'：折現現金流量分析期間。

　　k：各年期。

　　$P_{n'}$：期末價值。

第 33 條　客觀淨收益應以勘估標的作最有效使用之客觀淨收益為基準,並參酌鄰近類似不動產在最有效使用情況下之收益推算之。

前項契約租金未知者,應以市場經濟租金推估客觀淨收益。

以不動產證券化為估價目的,採折現現金流量分析法估價時,各期淨收益應以勘估標的之契約租金計算為原則。但因情況特殊不宜採契約租金估價,並於估價報告書中敘明者,不在此限。

第 34 條　收益法估價之程序如下:
一、蒐集總收入、總費用及收益資本化率或折現率等資料。
二、推算有效總收入。
三、推算總費用。
四、計算淨收益。
五、決定收益資本化率或折現率。
六、計算收益價格。

第 35 條　收益法估價應蒐集勘估標的及與其特性相同或相似之比較標的最近三年間總收入、總費用及收益資本化率或折現率等資料。

前項蒐集最近三年間之資料有困難時,應於估價報告書中敘明。

蒐集第一項資料時,應就其合理性進行綜合研判,以確定資料之可用性,並得依其持續性、穩定性及成長情形加以調整。

前條蒐集總收入資料,得就其不動產之租金估計之,以確認總收入資料之合理性。

第 36 條　勘估標的之有效總收入計算方式如下:
一、分析並推算勘估標的之總收入。
二、推算閒置及其他原因所造成之收入損失。
三、第一款總收入扣除前款收入損失後之餘額為勘估標的之有效總收入。

前項第一款所稱總收入,指價格日期當時勘估標的按法定用途出租或營運,在正常情況下所獲得之租金或收入之數額。

第 37 條　推算總收入及有效總收入時,應與下列相關資料校核比較:
一、勘估標的往年之總收入及有效總收入。
二、相同產業或具替代性比較標的總收入及有效總收入。
三、目前或未來可能之計畫收入。

第 38 條　勘估標的總費用之推算，應根據相同或相似不動產所支出之費用資料或會計報表所載資料加以推算，其項目包括地價稅或地租、房屋稅、保險費、管理費及維修費等。其為營運性不動產者，並應加計營運費用。

以不動產證券化為估價目的者，其折現現金流量分析法之總費用應依信託計畫資料加以推算。

第 39 條　勘估標的總費用之推算，應推估不動產構成項目中，於耐用年數內需重置部分之重置提撥費，並按該支出之有效使用年期及耗損比率分年攤提。

第 40 條　勘估標的總費用之推算，除推算勘估標的之各項費用外，勘估標的包含建物者，應加計建物之折舊提存費，或於計算收益價格時，除考量建物收益資本化率或折現率外，應加計建物價格日期當時價值未來每年折舊提存率。

第 40 條-1　建物折舊提存費，得依下列方式計算：

一、等速折舊型：　$C \times (1-s) \times \dfrac{1}{N}$

二、償債基金型：　$C \times (1-s) \times \dfrac{i}{(1+i)^N - 1}$

其中：

　　C：建物總成本。

　　s：殘餘價格率。

　　i：自有資金之計息利率。

　　N：建物經濟耐用年數。

前項建物總成本、殘餘價格率、自有資金之計息利率及建物經濟耐用年數依成本法相關規定估計之。

第 41 條　建物價格日期當時價值未來每年折舊提存率，得依下列方式計算：

一、等速折舊型：$d = \dfrac{(1-s)/N}{1-(1-s)_n/N}$

二、償債基金型：$d = \dfrac{i}{(1+i)^{n'} - 1}$

其中：

　　d：建物價格日期當時價值未來每年折舊提存率。

　　$(1-s)\dfrac{1}{N}$：折舊率

　　n：已經歷年數。

　　n'：剩餘可收益之年數。

　　i：自有資金之計息利率。

前項折舊率，依成本法相關規定估計之。

第 42 條　有效總收入減總費用即為淨收益。

前項淨收益為營運性不動產之淨收益者，應扣除不屬於不動產所產生之其他淨收益。

第 43 條　收益資本化率或折現率應於下列各款方法中，綜合評估最適宜之方法決定：

一、風險溢酬法：收益資本化率或折現率應考慮銀行定期存款利率、政府公債利率、不動產投資之風險性、貨幣變動狀況及不動產價格之變動趨勢等因素，選擇最具一般性財貨之投資報酬率為基準，比較觀察該投資財貨與勘估標的個別特性之差異，並就流通性、風險性、增值性及管理上之難易程度等因素加以比較決定之。

二、市場萃取法：選擇數個與勘估標的相同或相似之比較標的，以其淨收益除以價格後，以所得之商數加以比較決定之。

三、加權平均資金成本法：依加權平均資金成本方式決定，其計算式如下：

$$收益資本化率或折現率 = \sum_{i=1}^{n} w_i k_i$$

其中：

　　w_i：第 i 個資金來源占總資金成本比例，$\sum_{i=1}^{n} w_i = 1$。

　　k_i：為第 i 個資金來源之利率或要求報酬率。

四、債務保障比率法：依債務保障比率方式決定，其計算式如下：

收益資本化率或折現率＝
債務保障比率×貸款常數×貸款資金占不動產價格比率

五、有效總收入乘數法：考量市場上類似不動產每年淨收益占每年有效總收入之合理淨收益率，及類似不動產合理價格除以每年有效總收入之有效總收入乘數，以下列公式計算之：

收益資本化率或折現率＝淨收益率／有效總收入乘數

收益資本化率或折現率之決定有採取其他方法計算之必要時，應於估價報告書中敘明。

第 44 條　土地收益價格依下列計算式求取之：
一、地上無建物者：

土地收益價格＝土地淨收益／土地收益資本化率

二、地上有建物者：

土地收益價格＝（房地淨收益－建物淨收益）／土地收益資本化率

建物淨收益依下列計算式求取之：
一、淨收益已扣除折舊提存費者：
建物淨收益＝建物成本價格×建物收益資本化率
二、淨收益未扣除折舊提存費者：
建物折舊前淨收益＝
建物成本價格×（建物收益資本化率＋建物價格日期當時價值未來每年折舊提存率）

第 45 條　建物收益價格依下列計算式求取之：
一、淨收益已扣除折舊提存費者：
(一) 建物收益價格＝建物淨收益／建物收益資本化率
(二) 建物收益價格＝（房地淨收益－土地淨收益）／建物收益資本化率

二、淨收益未扣除折舊提存費者：

（一）建物收益價格＝建物折舊前淨收益／（建物收益資本化率＋建物價格日期當時價值未來每年折舊提存率）

（二）建物收益價格＝（房地折舊前淨收益－土地淨收益）／（建物收益資本化率＋建物價格日期當時價值未來每年折舊提存率）

前項土地淨收益，得先以比較法求取土地比較價格後，再乘以土地收益資本化率得之。

第 46 條　推算房地收益價格時，依下列方式計算之：

房地收益價格＝房地淨收益／房地綜合收益資本化率

房地綜合收益資本化率除依第四十三條決定外，亦得依下列計算式求取之：

一、淨收益已扣除折舊提存費者：

房地綜合收益資本化率＝
土地收益資本化率×土地價值比率＋建物收益資本率×建物價值比率

二、淨收益未扣除折舊提存費者：

房地綜合收益資本化率＝
土地收益資本化率×土地價值比率＋（建物收益資本化率＋建物價格日期當時價值未來每年折舊提存率）×建物價值比率

前項土地價值比率及建物價值比率，應參酌當地市場調查資料，運用估價方法計算之。

第 47 條　一定期間之收益價格，依下列計算式求取：

$$P = a \times \frac{1 - \dfrac{1}{(1+r)^{n'}}}{r}$$

其中：

P：收益價格。

a：平均一年期間折舊前淨收益。

r：收益資本化率。

n'：可收益之年數。

收益價格已知者，適用該公式反推平均一年期間折舊前淨收益。

一定期間終止後，有期末價值者，收益價格得加計該期末價值之現值，期末價值並得扣除處分不動產所需之相關費用。

第二節　相關估價原則

預期原則

由於不動產的價格往往取決於需求者對其未來預期的利益，故預測原則影響不動產估價甚鉅。收益法之基本理念主要就是架構在不動產的未來收益、未來資本化率、可收益期間長短之預測。不動產證券化條例所規定之不動產資產信託計畫，亦以預期收益為其評價方法之主要基礎。

變動原則

由於影響不動產的價格因素甚多，且就估價而言其估算之不動產價格日期可為過去，亦可為現在，甚至可為未來。而在其不同的價格日期而對應出不同的價格，就是因為不動產的價格會隨著不同的時空條件而持續不斷的變動，其原因主要有一般因素中之自然、社會、政治、經濟本來就有動態本質，且不動產中之建築物更是一定會隨著使用時間的長短，造成一定程度的實體、功能、經濟上的減價折舊。

變動原則應用於各主要估價方法的公式中甚為顯著，於比較法就有一項價格日期調整，於成本法中則有減價折舊之調整，於收益法則亦應用於收益、費用及資本化率的變動事實。

供給需求原則

雖然不動產市場並非完全競爭市場，且不動產間之替代性也非完全，但供給與需求的數量多寡仍然會反映出買賣雙方之力道強度。一般說來，當供給過剩時會形成買方市場，價格不易高漲；反之，若需求強勁時，則不動產價格常會出現追價的情形。

替代原則

當購買者有購買需求的時候，當然希望以最低價格取得最高效用之不動產，故若於同一供需圈中有效用相當之若干不動產時，購買者會依其替代原則，購買價格最低之不動產。

不動產估價技術規則第 29 條：

直接資本化法，指以勘估標的未來平均一年期間之客觀淨收益，應用價格日期當時適當之收益資本化率推算勘估標的價格之方法。

在收益無限期間時之收益價格公式如下：

$$P_{收益價格} = \frac{a}{r}$$

在收益有限期間時之收益價格公式如下：

$$P_{收益價格} = \frac{a}{r} \times \left[1 - \frac{1}{(1+r)^n} \right] = \frac{a}{r} \times \frac{(1+r)^n - 1}{(1+r)^n}$$

其中：

a：房地年收益淨收益＝房地年有效總收入－房地年總費用。

r：房地年綜合收益資本化率。

n：房地可收益之年數。

不動產估價技術規則第 35 條：

收益法估價應蒐集勘估標的及與其特性相同或相似之比較標的最近三年間總收入、總費用及收益資本化率或折現率等資料。

前項蒐集最近三年間之資料有困難時，應於估價報告書中敘明。

蒐集第一項資料時，應就其合理性進行綜合研判，以確定資料之可用性，並得依其持續性、穩定性及成長情形加以調整。

前條蒐集總收入資料，得就其不動產之租金估計之，以確認總收入資料之合理性。

不動產估價技術規則第 43 條：

收益資本化率或折現率應於下列各款方法中，綜合評估最適宜之方法決定：

1. 風險溢酬法：收益資本化率或折現率應考慮銀行定期存款利率、政府公債利率、不動產投資之風險性、貨幣變動狀況及不動產價格之變動趨勢等因素，選擇最具一般性財貨之投資報酬率為基準，比較觀察該投資財貨與勘估標的個別特性之差異，並就流通性、風險性、增值性及管理上之難易程度等因素加以比較決定之。

2. 市場萃取法：選擇數個與勘估標的相同或相似之比較標的，以其淨收益除以價格後，以所得之商數加以比較決定之。

3. 加權平均資金成本法：依加權平均資金成本方式決定，其計算式如下：

    $$收益資本化率或折現率 = \sum_{i=1}^{n} w_i k_i$$

    其中：

    w_i：第 i 個資金來源占總資金成本比例，$\sum_{i=1}^{n} w_i = 1$。

    k_i：為第 i 個資金來源之利率或要求報酬率。

4. 債務保障比率法：依債務保障比率方式決定，其計算式如下：

    收益資本化率或折現率＝
    債務保障比率×貸款常數×貸款資金占不動產價格比率

5. 有效總收入乘數法：考量市場上類似不動產每年淨收益占每年有效總收入之合理淨收益率，及類似不動產合理價格除以每年有效總收入之有效總收入乘數，以下列公式計算之：

收益資本化率或折現率＝淨收益率／有效總收入乘數

收益資本化率或折現率之決定有採取其他方法計算之必要時，應於估價報告書中敘明。

從其相關條文可知以收益法推算收益價格時應先推求得房地收益淨收益、房地之綜合收益資本化率及房地可收益年數，而要求得以上各值卻是以效用可「替代」之比較標的相關資料來作為推算基礎，因此收益法亦是以「替代」為其主要原則。

均衡原則

從經濟學的角度來看，不動產之價格受生產的四大要素—土地、勞力、資本、企業家經營能力的影響。而四大生產要素的均衡投入方可創造出不動產之最高最有效使用，也就是在均衡投入生產四大要素時方可造就不動產之最高價格。

由於四大要素之投入量皆為不動產之「內部」要素，故均衡原則為「內部性」原則之一種。

估價人員於推估勘估標的收益價格時，必須觀察勘估標的是否有符合要素之均衡狀態，進而了解其收益狀況是否能達最高最有效之狀況。

外部性原則

諾貝爾獎之寇斯定理(Coase Theorem)中曾提到「外部成本內部化」之概念，意思是指，外部的環境亦可能會因「外部性」的影響而形成本身之成本增加，進而影響本身之淨收益的大小。

就不動產而言，外部環境的影響除了前面所提之適合原則外，其有可能產生「外部性」的各項設施，是會影響近鄰不動產之價格的，如嫌惡設施的設置，必會對不動產價格產生負面影響。

第三節　估價程序

收益法估價之程序如下：

一、蒐集總收入、總費用及收益資本化率或折現率等資料。

二、推算有效總收入。

三、推算總費用。

四、計算淨收益。

五、決定收益資本化率或折現率。

六、計算收益價格。

第四節　估價方法

直接資本化法

在收益無限期間時之收益價格公式如下：

$$P_{收益價格} = \frac{a}{r}$$

在收益有限期間時之收益價格公式如下：（Inwood 方式）

$$P_{收益價格} = \frac{a}{r} \times \left[1 - \frac{1}{(1+r)^n}\right] = \frac{a}{r} \times \frac{(1+r)^n - 1}{(1+r)^n}$$

其中：

a：房地年收益淨收益＝房地年有效總收入－房地年總費用。

r：房地年綜合收益資本化率。

n：房地可收益之年數。

公式說明：

收益法之公式其實就是前章估價數學中之複利年金現價率，故其說明同前如下：

不動產估價中之收益法來看也可說成是某一棟建築物可以在未來 n 年皆能有 a 元之淨收益，則此不動產現在之收益價格為多少？

公式推導如下：

$$P_n = \frac{a}{1+r} + \frac{a}{(1+r)^2} + \frac{a}{(1+r)^3} + \cdots\cdots + \frac{a}{(1+r)^n}$$

$$= \frac{\text{首項}(1-\text{公比}^{\text{項數}})}{1-\text{公比}} = \frac{\frac{a}{(1+r)} \times \left[1 - \frac{1}{(1+r)^n}\right]}{1 - \frac{1}{1+r}}$$

$$= \frac{\frac{a}{(1+r)} \times \left[1 - \frac{1}{(1+r)^n}\right]}{\frac{1+r-1}{1+r}} = \frac{a}{r}\left[1 - \frac{1}{(1+r)^n}\right]$$

$$= a \times \frac{(1+r)^n - 1}{r \times (1+r)^n}$$

若將每年可領回 1 元改成 a 元，則公式即如前面所提之 Inwood 方式

$$P_n = a \times \frac{(1+r)^n - 1}{r \times (1+r)^n}$$

若收益無限期間時，

因 $r>0$，$\dfrac{1}{(1+r)^n}=0$ 則 $P_n = a \times \dfrac{(1+r)^n - 1}{r \times (1+r)^n} = \dfrac{a}{r}\left[1 - \dfrac{1}{(1+r)^n}\right] = \dfrac{a}{r}$。

一、求 a：房地年收益淨收益

（一）房地年有效總收入

勘估標的之有效總收入計算方式如下：

1. 分析並推算勘估標的之總收入。

2. 推算閒置及其他原因所造成之收入損失。

3. 第一款總收入扣除前款收入損失後之餘額為勘估標的之有效總收入。

前項第一款所稱總收入，指價格日期當時勘估標的按法定用途出租或營運，在正常情況下所獲得之租金或收入之數額。

（二）房地年總費用

1. 稅賦及費用：勘估標的總費用之推算，應根據相同或相似不動產所支出之費用資料或會計報表所載資料加以推算，其項目包括地價稅或地租、房屋稅、保險費、管理費及維修費等。其為營運性不動產者，並應加計營運費用。

   以不動產證券化為估價目的者，其折現現金流量分析之總費用應依信託計畫資料加以推算。

2. 折舊的提列：勘估標的總費用之推算，應推估不動產構成項目中，於耐用年數內需重置部分之重置提撥費，並按該支出之有效使用年期及耗損比率分年攤提。勘估標的總費用之推算，除推算勘估標的之各項費用外，勘估標的包含建物者，應加計建物之折舊提存費，或於計算收益價格時，除考量建物收益資本化率或折現率外，應加計建物價格日期當時價值未來每年折舊提存率。

   折舊之提存可依以下 2 種方式提列於 $P = \dfrac{a}{r}$ 這個方程式中

   (1) 第一種方式提存在分子，即 $P = \dfrac{a-D}{r}$

   其中 D 為年折舊額，即為技術規則第 40 條-1 的提存方式，亦同成本法之折舊計算方式：

第 40 條-1　建物折舊提存費，得依下列方式計算：

一、等速折舊型：　$C \times (1-s) \times \dfrac{1}{N}$

二、償債基金型：　$C \times (1-s) \times \dfrac{i}{(1+i)^N - 1}$

其中：

C：建物總成本。

s：殘餘價格率。

i：自有資金之計息利率。

N：建物經濟耐用年數。

前項建物總成本、殘餘價格率、自有資金之計息利率及建物經濟耐用年數依成本法相關規定估計之。

(2) 第二種方式提存在分母，即 $P = \dfrac{a}{r+d}$

其中 d 為建物價格日期當時價值未來每年折舊提存率，即為技術規則第 41 條的提存方式：

第 41 條　建物價格日期當時價值未來每年折舊提存率，得依下列方式計算：

一、等速折舊型：　$d = \dfrac{(1-s)/N}{1-(1-s)_n/N}$

二、償債基金型：　$d = \dfrac{i}{(1+i)^{n'} - 1}$

其中：

d：建物價格日期當時價值未來每年折舊提存率。

$(1-s)\dfrac{1}{N}$：折舊率。

n：已經歷年數。

n'：剩餘可收益之年數。

i：自有資金之計息利率。

前項折舊率，依成本法相關規定估計之。

其推導過程如下：

$$p_n = \frac{a-D}{r} \quad\text{...(1)}$$

$$p_n = \frac{a}{r+d} \quad\text{...(2)}$$

由(1)(2)知

$$a = p_n r + D = p_n r + p_n d$$

故

$$d = \frac{D}{p_n}$$

剛好符合其定義：建物價格日期當時價值未來每年折舊提存率

以等速折舊型（定額法）為例

$$d = \frac{D}{p_n} = \frac{(C-S)/N}{C-(C-S)\times n/N} = \frac{(1-s)/N}{1-(1-s)\times n/N} = \frac{\text{年折舊率}}{1-\text{累積折舊率}}$$

其中：

C：建物總成本。

S：殘餘價格。

s：殘餘價格率。

n：已經歷年數。

N：耐用年數。

若 $s=0$，則

$$d = \frac{D}{p_n} = \frac{1/N}{1-n/N} = \frac{\dfrac{1}{N}}{\dfrac{N-n}{N}} = \frac{1}{n'}$$

n'：建築物之殘餘經濟耐用年數。

若以償還基金型為例

$$d = \frac{D}{p_n} = \frac{\dfrac{(C-S) \times i}{(1+i)^N - 1}}{C - \dfrac{(C-S) \times \left[(1+i)^n - 1\right]}{(1+i)^N - 1}} = \frac{\dfrac{(1-s) \times i}{(1+i)^N - 1}}{1 - \dfrac{(1-s) \times \left[(1+i)^n - 1\right]}{(1+i)^N - 1}}$$

$$= \frac{\text{年折舊率}}{1 - \text{累積折舊率}} = \frac{\dfrac{(1-s) \times i}{(1+i)^N - 1}}{\dfrac{(1+i)^N - 1 - \left\{(1-s) \times \left[(1+i)^n - 1\right]\right\}}{(1+i)^N - 1}}$$

$$= \frac{(1-s) \times i}{(1+i)^N - 1 - \left\{(1-s) \times \left[(1+i)^n - 1\right]\right\}}$$

若令 $s = 0$ 代入上式

$$d = \frac{i}{(1+i)^N - (1+i)^n}$$

並不會成為技術規則的 $d = \dfrac{i}{(1+i)^{n'} - 1}$

　　這裡可能是技術規則有誤或有其他假設，且技術規則沒有考慮到 S 這個殘值的變數，事實上也很不合理。但是，既然列在技術規則，若是解題時，沒有 S 這個變數時，還是可以技術規則的規定解之。

 **舉例說明**

　　若已知某建物之 s=10%，i=3%，N=50 年，n=10 年，請依等速折舊型（定額法）、償還基金行分別求算，該建物之建物價格日期當時價值未來每年折舊提存率？

解

(1) 等速折舊型（定額法）

$$d = \frac{D}{p_n} = \frac{\dfrac{C-S}{N}}{C-(C-S)\times \dfrac{n}{N}} = \frac{\dfrac{1-s}{N}}{1-(1-s)\times \dfrac{n}{N}}$$

$$= \frac{\dfrac{(1-0.1)}{50}}{1-(1-0.1)\times \dfrac{10}{50}} = \frac{0.018}{0.82} = 0.02195$$

(2) 償還基金型

$$d = \frac{D}{p_n} = \frac{(1-s)\times i}{(1+i)^N - 1 - \left\{(1-s)\times\left[(1+i)^n - 1\right]\right\}}$$

$$= \frac{(1-0.1)\times 0.03}{(1+0.03)^{50} - 1 - \left\{(1-0.1)\times\left[(1+0.03)^{10} - 1\right]\right\}}$$

$$= 0.00878$$

(3) 房地年收益淨收益

有效總收入減總費用即為淨收益。

前項淨收益如係營運性不動產之淨收益，應扣除不屬於不動產所產生之其他淨收益。

二、求 r：房地年綜合收益資本化率

技術規則中所提供之房地年綜合收益資本化率或折現率求法有五：

（一）風險溢酬法

收益資本化率或折現率應考慮銀行定期存款利率、政府公債利率、不動產投資之風險性、貨幣變動狀況及不動產價格之變動趨勢等因素，選擇最具一般性財貨之投資報酬率為基準，比較觀察該投資財貨與勘估標的個別特性之差異，並就流通性、風險性、增值性及管理上之難易程度等因素加以比較決定之。

$$r = 無風險的報酬 + 風險的貼水 + 通貨膨脹的貼水$$

（二）市場萃取法

選擇數個與勘估標的相同或相似之比較標的，以其淨收益除以價格後，以所得之商數加以比較決定之。

$$P = \frac{a}{r}$$

$$r = \frac{a}{P}$$

$$r_1 = \frac{a_1}{P_1}$$

$$r_2 = \frac{a_2}{P_2}$$

$$r_3 = \frac{a_3}{P_3}$$

以 r_1、r_2、r_3 比較決定適當的 r

（三）加權平均資金成本法

依加權平均資金成本方式決定，其計算式如下：

$$收益資本化率或折現率 = \sum_{i=1}^{n} w_i k_i$$

其中：

w_i：第 i 個資金來源占總資金成本比例，$\sum_{i=1}^{n} w_i = 1$。

k_i：為第 i 個資金來源之利率或要求報酬率。

（四）債務保障比率法

依債務保障比率方式決定，其計算式如下：

$$收益資本化率或折現率 = 債務保障比率(DCR) \times 貸款常數(MC)$$
$$\times 貸款資金占不動產價格比率(LR)$$

$DCR = NOI / DS = a / DS$

$MC = DS / Loan$

$$LR = Loan / P$$
$$r = a / p = DCR \times MC \times LR$$

其中：

　　DS：債務支出（貸款每期支付金額）。

　　$Loan$：貸款金額。

（五）有效總收入乘數法

　　考量市場上類似不動產每年淨收益占每年有效總收入之合理淨收益率，及類似不動產合理價格除以每年有效總收入之有效總收入乘數，以下列公式計算之：

收益資本化率或折現率＝淨收益率／有效總收入乘數

$r = a / P =$（a/每年有效總收入）÷（P/每年有效總收入）

　＝淨收益率／有效總收入乘數

殘餘法

一、土地殘餘法

　　土地收益價格依下列計算式求取之。

1. 地上無建物者：

土地收益價格＝土地淨收益／土地收益資本化率或折現率

2. 地上有建物者：

土地收益價格＝（房地淨收益－建物淨收益）／土地收益資本化率或折現率

　　建物淨收益依下列計算式求取之。

1. 已扣除折舊提存費者：

建物淨收益＝建物成本價格×建物收益資本化率或折現率

2. 未扣除折舊提存費者：

建物折舊前淨收益＝建物成本價格×（建物收益資本化率或折現率＋建物價格日期當時價值未來每年折舊提存率）

二、建物殘餘法

建物收益價格依下列計算式求取之：

1. 已扣除折舊提存費者：
   (1) 建物收益價格＝建物淨收益／建物收益資本化率或折現率
   (2) 建物收益價格＝（房地淨收益－土地淨收益）／建物收益資本化率或折現率

2. 未扣除折舊提存費者：
   (1) 建物收益價格＝建物折舊前淨收益／（建物收益資本化率或折現率＋建物價格日期當時價值未來每年折舊提存率）
   (2) 建物收益價＝（房地折舊前淨收益－土地淨收益）／（建物收益資本化率或折現率＋建物價格日期當時價值未來每年折舊提存率）

前項土地淨收益，可先以比較法求取土地比較價格後，再乘以土地收益資本化率或折現率得之。

公式推導

$$a = a_{土} + a_{建}$$

$$a_{土} = P_{土} \times r_{土}$$

$$a_{建} = P_{建} \times (r_{建} + d)$$

$$a = P_{土} \times r_{土} + P_{建} \times (r_{建} + d)$$

可改寫成

$$a = Lr_1 + B(r_2 + d)$$

$$L = \frac{a - B(r_2 + d)}{r_1}$$

$$B = \frac{a - Lr_1}{r_2 + d}$$

其中：

a：房地淨收益。

L：土地價格。

B：建物價格。

r_1：土地收益資本化率。

r_2：建物收益資本化率。

d：建物價格日期當時價值未來每年折舊提存率

舉例說明

　　若已知不動產其每年房地淨收益為 150 萬，若該建物之重建價格為 1,000 萬，土地及建物之收益資本化率分別為 3% 及 5%,建物耐用年數為 30 年，現已歷經 10 年，若其殘餘率為 10%，**未扣除額折舊提存費情況下**，問該不動產之土地收益價格為何？（依定額法計算），又問若已知該土地現值為 1,000 萬，則建物收益價格為何？

解

$$d_{10} = \frac{D}{p_{10}} = \frac{\dfrac{1-s}{N}}{1-(1-s) \times \dfrac{n}{N}}$$

$$= \frac{\dfrac{1-0.1}{30}}{1-(1-0.1) \times \dfrac{10}{30}}$$

$$= \frac{0.9}{21} = \frac{0.3}{7} = 0.04286$$

$$p_{建10} = 1,000 - \frac{1,000 \times (1-0.1)}{30} \times 10 = 700$$

$$p_{土} = \frac{a - p_{建10} \times (r_{建} + d_{10})}{r_{土}}$$

$$= \frac{150 - 700 \times (0.05 + 0.04286)}{0.03}$$

$$= 2,833 \ 萬元$$

$$p_{建} = \frac{a - p_{土} \times r_{土}}{(r_{建} + d_{10})} = \frac{150 - 1,000 \times (0.03)}{(0.05 + 0.04286)} = 1,292 \ 萬元$$

 **舉例說明**

承前題，請用償債基金法，$i=2\%$，計算土地及建物收益價格為？

解

依技術規則計算 $d'_{10} = \dfrac{i}{(1+i)^{n'}-1} = \dfrac{0.02}{(1+0.02)^{20}-1} = 0.041$

依本書推導來解

$s = 0.1$

$$
\begin{aligned}
d''_{10,s=0.1} &= \frac{(1-s)\times i}{(1+i)^{N}-1-\left\{(1-s)\times\left[(1+i)^{n}-1\right]\right\}} \\
&= \frac{(1-0.1)\times 0.02}{(1+0.02)^{30}-1-\left\{(1-0.1)\times\left[(1+0.02)^{10}-1\right]\right\}} = 0.029
\end{aligned}
$$

又

$$
P_{建10} = 1{,}000 - 1{,}000 \times (1-0.1) \times \frac{(1+0.02)^{10}-1}{(1+0.02)^{30}-1} = 757
$$

所以

依技術規則忽略 s，則

$$
p'_{土} = \frac{a - p_{建} \times (r_{建} + d'_{10})}{r_{土}} = \frac{150 - 757 \times (0.05 + 0.041)}{0.03} = 2{,}704\ 萬元
$$

依本書公式解，則

$$
p''_{土s=0.1} = \frac{a - p_{建} \times (r_{建} + d''_{10,s=0.1})}{r_{土}} = \frac{150 - 757 \times (0.05 + 0.029)}{0.03} = 3{,}007\ 萬元
$$

同理

依技術規則忽略 s，則

$$p'_{建} = \frac{a - p_{土} \times r_{土}}{(r_{建} + d'_{10})} = \frac{150 - 1,000 \times (0.03)}{(0.05 + 0.041)} = 1,319 萬元$$

依本書公式解，則

$$p''_{建,s=0.1} = \frac{a - p_{土} \times r_{土}}{(r_{建} + d''_{10,s=0.1})} = \frac{150 - 1,000 \times (0.03)}{(0.05 + 0.029)} = 1,519 萬元$$

折現現金流量分析（DCF 法 Discounted Cash Flow Analysis）

折現現金流量分析，指勘估標的未來折現現金流量分析期間之各期淨收益及期末價值，以適當折現率折現後加總推算勘估標的價格之方法。

前項折現現金流量分析，得適用於以投資為目的之不動產投資評估。

折現現金流量分析之計算公式如下：

$$P = \sum_{k=1}^{n'} CF_k / (1+Y)^k + P_{n'} / (1+Y)^{n'}$$

其中：

P：收益價格。

CF_k：各期淨收益。

Y：折現率。

n'：折現現金流量分析期間。

k：各年期。

$P_{n'}$：期末價值。

購買年法（收益倍數法）

不動產價格＝年淨收益×一定倍數（收益倍數）

第五節　應用限制

技術規則之限制

第 35 條　收益法估價應蒐集勘估標的及與其特性相同或相似之比較標的最近三年間總收入、總費用及收益資本化率或折現率等資料。

前項蒐集最近三年間之資料有困難時，應於估價報告書中敘明。

蒐集第一項資料時，應就其合理性進行綜合研判，以確定資料之用性，並得依其持續性、穩定性及成長情形加以調整。

前條蒐集總收入資料，得就其不動產之租金估計之，以確認總收入資料之合理性。

方法的限制

在收益無限期間時之收益價格公式如下：

$$P_{收益價格} = \frac{a}{r}$$

在收益有限期間時之收益價格公式如下：

$$P_{收益價格} = \frac{a}{r} \times \left[1 - \frac{1}{(1+r)^n} \right]$$

其中：

a：房地年收益淨收益＝房地年有效總收入－房地年總費用。

r：房地年綜合收益資本化率。

n：房地可收益之年數。

因此，可知若無法取的或掌握勘估標的之淨收益、資本化率、可收益之年數的情況時，收益法即會無法適用。

　　臺南之古蹟如「孔子廟」、「延平郡王祠」、「赤崁樓」等，由於其營業非以營利為目的，因此，其各項之收入非達其不動產之最高最有效使用之境，故其難以「收益法」來推算出其收益價格。

第六節　估價實務問題舉例

91 年不動產估價師之不動產估價實務高考

👤 估價條件

一、經確認後之甲不動產，具有下列物理及權利屬性：

1. 基地之標示為 00 市 00 段 321 號，面積 2,000 平方公尺，面臨 10 米道路。

2. 建築物乃一樓之平面廠房，標示為 00 市 00 段 123 號，總樓地板面積 1,000 平方公尺。

3. 位於都市計畫工業區，法定建蔽率為 50%，容積率為 100%。

4. 甲不動產為其所有權人單獨所有，無他項權利之設定。

二、價格日期：民國 91 年 12 月 1 日

三、勘查日期：民國 91 年 12 月 16 日

四、估價目的：買賣

五、估價種類：正常價格

收益法之相關條件：

　　經調查結果，於勘估標的近鄰地區，蒐集到兩宗平面廠房之租賃實例 F、G。二實例之相關資料陳述如下，請用以求取勘估標的之收益價格。

👔 實例 F

1. F 不動產與甲不動產座落於同一街廓,乃面臨 10 米及 20 米道路之平面廠房。其基地面積 2,200 平方公尺,總樓地板面積 1,100 平方公尺,法定建蔽率為 50%,容積率為 100%。F 不動產因接近住宅區,故使用限制較多。F 不動產為所有權人單獨所有,其於民國 91 年 2 月 1 日以設定 20 年地上權方式,與承租人訂定租賃契約在案,餘無地上權以外他項權利之設定。經查出租人與承租人之間並無特殊關係。

2. 依據該租賃契約,承租人於期初支付 25,000,000 元權利金予出租人,租賃期間另行逐期支付年租金 5,200,000 元。假設運用該權利金之通行年利率為 5%。

3. 總費用
   (1) 地價稅:假設 F 不動產最近一次規定地價為 5,000 萬元,全額適用基本稅率千分之十,核計地價稅。
   (2) 房屋稅:假設 F 不動產之房屋現值為 500 萬元,全額以非住家用稅率 3%,核計房屋稅。
   (3) 維護費:由承租人負責。
   (4) 管理費:由承租人負責。
   (5) 保險費:出租人於設定地上權之初,為其廠房投保 20 年之火險及地震險,保費於期初一次繳交 50 萬元,以通行投資年利率 5%分期攤提為每年之費用。

4. 該地區該類型不動產之房地綜合收益資本化率為 4%。

5. 綜合判斷結果,F 不動產之個別因素較甲不動產優秀 3%(故個別因素之修正率為 97/100)。民國 91 年 2 月 1 日訂約當時,至估價期日這段期間,租金水準下跌 3%(故期日修正率為 97/100)。

👔 實例 G

1. G 不動產與甲不動產座落於甲不動產西南街廓之平面廠房,面臨 10 米道路。其基地面積 2,500 平方公尺,總樓地板面積 1,250 平方公尺,法定建蔽率為 50%,容積率為 100%。G 不動產為所有權人單獨所有,其於民國 91 年 2 月 1 日以設定 20 年地上權方式,與承租人訂定租賃契約在案,餘無地上權以外他項權利之設定。經查出租人與承租人之間並無特殊關係。

2. 茲因所有權人亟需週轉資金，遂將其收租 20 年之權利，以低於市場水準 20%（故情況補正率為 100/80）之權利金 71,600,000 元（假設運用該權利金之通行年利率為 5%），頂讓給受讓人。20 年期滿，所有權人恢復擁有 G 不動產之完整所有權。

3. 設定地上權 20 年期間，所有權人仍應負擔下列費用：
   (1) 地價稅：假設 G 不動產最近一次規定地價為 5,200 萬元，全額適用基本稅率千分之十，核計地價稅。
   (2) 房屋稅：假設 G 不動產之房屋現值為 520 萬元，全額已非住家用稅率 3%，核計房屋稅。
   (3) 維護費：無。
   (4) 管理費：無。
   (5) 保險費：無。

4. 該地區該類型不動產之房地綜合收益資本化率為 4%。

5. 綜合判斷結果，G 不動產之個別因素較甲不動產優秀 3%（故個別因素之修正率為 97/100）。民國 91 年 2 月 1 日訂約當時，至估價期日這段期間，租金水準下跌 3%（故期日修正率為 97/100）。

解 由於工業廠房之房地價可採「聯合貢獻說」來做分析，所以有關試算價格皆以比較實例之成交金額總價來做調整試算。

實例 F

1. 年收益

   將年租金加計期初權利金化成年金方式求出年收益

   $$年收益 = 5,200,000 + 25,000,000 \times \frac{(1+0.05)^{20} \times 0.05}{(1+0.05)^{20} - 1} = 7,206,065$$

2. 年費用

   地價稅 $= 50,000,000 \times 10/1000 = 500,000$

   房屋稅 $= 5,000,000 \times 3/100 = 150,000$

   保險費 $= 500,000 \times \frac{(1+0.05)^{20} \times 0.05}{(1+0.05)^{20} - 1} = 40,120$

   年費用 $= 500,000 + 150,000 + 40,120 = 690,120$

3. 年淨收益

年淨收益=年收益－年費用=7,206,065-690,120=6,515,945

4. 求 F 房地價格

$$F\ 房地價格 = \frac{年淨收益}{房地綜合收益資本化率} = \frac{6,515,945}{4\%} = 162,898,625$$

5. 求 F 試算價格

$$F\ 試算價格 = 162,898,625 \times \frac{100}{100} \times \frac{97}{100} \times \frac{100}{100} \times \frac{97}{100} = 153,271,316$$

🧑‍💼 實例 G

91 年的技術規則與現今之技術規則不同，91 年答題如下：

因實例 G 之權利金情況補正率為 100/80 顯然違反不動產估價技術規則第 25 條之規定（試算價格之調整運算過程中，情況調整、價格日期調整、區域因素調整、個別因素調整或區域因素及個別因素內之任一單獨項目之價格調整率大於百分之十五，或總調整率大於百分之三十時，則判定該比較標的與勘估標的差異過大，應排除該比較標的之適用。），故不予採用。

故決定收益價格為 153,270,000 元。

現今之答題則因技術規則第 25 條已修訂情況調整及價格日期調整無須考慮單一調整率，故應計算如下：

1. 年收益

將期初權利金化成年金方式求出年收益。

$$年收益 = 71,600,000 \times \frac{5\% \times (1+5\%)^{20}}{(1+5\%)^{20} - 1} = 5,745,370$$

2. 年費用

> 地價稅=52,000,000×10/1,000=520,000
> 房屋稅=5,200,000×3/100=156,000
> 年費用=520,000+156,000=676,000

3. 年淨收益

> 年淨收益=年收益－年費用=5,745,370-676,000=5,069,370

4. 求 G 房地價格

> G 房地價格=5,069,370÷4%=126,734,250

5. 求 G 試算價格

$$G\ 試算價格=126,734,250\times\frac{100}{80}\times\frac{97}{100}\times\frac{100}{100}\times\frac{97}{100}=149,055,319$$

　　以總調整率大小之權重觀念來決定價格，因比較標的 F 總調整率為 6%，比較標的 G 總調整率為 26%，故收益價格可求算如下

$$收益價格=\frac{\frac{1}{6}}{\frac{1}{6}+\frac{1}{26}}\times153,271,316+\frac{\frac{1}{26}}{\frac{1}{6}+\frac{1}{26}}\times149,055,319=152,480,817$$

估價方法─土地開發分析法

第一節　不動產估價技術規則相關條文
第二節　相關估價原則
第三節　估價程序
第四節　估價方法
第五節　估價實務問題舉例

　　土地開發分析法，指根據土地法定用途、使用強度進行開發與改良所導致土地效益之變化，估算開發或建築後總銷售金額，扣除開發期間之直接成本、間接成本、資本利息及利潤後，求得開發前或建築前土地開發分析價格。

$$P_{土地開發分析價格} = \left[S \div (1+r) \div (1+i) - (C+M) \right]$$

其中：

$P_{土地開發分析價格}$：土地開發分析價格。

S：開發或建築後預期總銷售金額。

r：適當之利潤率。

i：開發或建築所需總成本之資本利息綜合利率。

C：開發或建築所需之直接成本。

M：開發或建築所需之間接成本。

第一節　不動產估價技術規則相關條文

第 70 條　　土地開發分析法，指根據土地法定用途、使用強度進行開發與改良所導致土地效益之變化，估算開發或建築後總銷售金額，扣除開發期間之直接成本、間接成本、資本利息及利潤後，求得開發前或建築前土地開發分析價格。

第 71 條　　土地開發分析法之估價程序如下：
一、確定土地開發內容及預期開發時間。
二、調查各項成本及相關費用並蒐集市場行情等資料。
三、現況勘察並進行環境發展程度之調查及分析。
四、估算開發或建築後可銷售之土地或建物面積。
五、估算開發或建築後總銷售金額。
六、估算各項成本及相關費用。
七、選擇適當之利潤率及資本利息綜合利率。
八、計算土地開發分析價格。

第 72 條 　依土地開發分析法進行估價除依第十一條規定蒐集資料外，另得視需要蒐集下列土地及建物所需資料：

一、開發構想計畫書。

二、建築設計圖說或土地規劃配置圖說。

三、建照申請書或建造執照。

四、營造或施工費資料。

五、規劃、設計、廣告、銷售、管理及稅捐等費用資料。

六、資本利率。

七、開發或建築利潤率。

第 73 條 　現況勘察與環境發展程度之調查及分析包括下列事項：

一、調查影響總銷售金額、成本及費用等因素。

二、確認勘估標的之工程進度、施工及環境狀況並攝製必要照片或影像檔。

三、市場交易資料之蒐集、調查。

四、週遭環境土地建物及公共設施開發程度。

第 74 條 　開發或建築後可銷售之土地或建物面積應依下列原則估算之：

一、依建造執照及建築設計圖說或土地開發許可文件及規劃配置圖計算之面積。

二、未取得建造執照或土地開發許可文件時應按相關法令規定下最有效使用之狀況，根據土地之地形、地勢並參酌當地市場狀況等因素估算其可銷售面積。

前項可銷售面積之計算過程應詳列計算式以便校核。

第 75 條 　開發或建築後預期總銷售金額應按開發或建築後可銷售之土地或建物面積乘以推定之銷售單價計算之。

可銷售面積中之各部分銷售單價不同時，應詳列各部分面積及適用之單價。

前項銷售單價應考量價格日期當時銷售可實現之價值，以比較法或收益法求取之。

第 76 條 　土地建築開發之直接成本、間接成本項目如下：

一、直接成本：營造或施工費。

二、間接成本，其內容如下：

（一）規劃設計費。

（二）廣告費、銷售費。

（三）管理費。

（四）稅捐及其他負擔。

第 77 條　廣告費、銷售費、管理費及稅捐，應按總銷售金額乘以相關費率計算，相關費率應由全聯會定期公告之。

第 78 條　土地開發分析法之規劃設計費與利潤率應依第五十七條及第六十條規定計算之。

第 79 條　土地開發分析法之資本利息綜合利率，應依第五十八條及第五十九條規定計算資本利息年利率，並參考下列公式計算之：

資本利息綜合利率＝

資本利息年利率×（土地價值比率＋建物價值比率×$\frac{1}{2}$）×開發年數。

勘估標的資本利息負擔特殊，或土地取得未立即營造施工者，資本利息綜合利率得再就前項規定之二分之一部分調整計算，並於估價報告書中敘明。

第一項建物價值比率之建物價值，得以營造施工費加計規劃設計費計算之。

第 80 條　開發年數之估計應自價格日期起至開發完成為止無間斷所需之時間。

第 81 條　土地開發分析法價格之計算公式如下：

$$V = S \div (1+R) \div (1+i) - (C+M)$$

其中：

V：土地開發分析價格。

S：開發或建築後預期總銷售金額。

R：適當之利潤率。

C：開發或建築所需之直接成本。

M：開發或建築所需之間接成本。

i：開發或建築所需總成本之資本利息綜合利率。

第二節　相關估價原則

替代原則

土地開發分析法之公式為

$$P_{土地開發分析價格} = \left[S \div (1+r) \div (1+i) - (C+M) \right]$$

其中：

$P_{土地開發分析價格}$：土地開發分析價格。

S：開發或建築後預期總銷售金額。

r：適當之利潤率。

i：開發或建築所需總成本之資本利息綜合利率。

C：開發或建築所需之直接成本。

M：開發或建築所需之間接成本。

從公式中可知，由於所求得之 $P_{土地開發分析價格}$ 應為土地開發前之土地開發分析價格，因此，有關公式中之 S、C、M 皆都以最高最有效分析後之「替代」銷售金額或開發成本來計算，換句話說 S：開發或建築後預期總銷售金額是以比較法或收益法「替代」比較標的求的，而 C：開發或建築所需之直接成本及 M：開發或建築所需之間接成本則由成本法之間接法「替代」求得。

預期原則

由於不動產的價格往往取決於需求者對其未來預期的利益，故預測原則影響不動產估價甚鉅。而在土地開發分析法則須「預期」開發或建築後預期總銷售金額，方可順利求出土地開發分析價格。

收益分配原則

收益分配原則又稱剩餘生產力原則，簡單的說即為收益「減法」原則。由於不動產的收益應可歸類於土地、勞力、資本、企業家經營能力四項生產要素組合而成，而土地產生地租，勞力產生工資，資本產生利息，企業家經營產生利潤，而以上四項收益之和應為不動產之總收益。故從數理上之推導及分配，可得土地之收益分配應為不動產之總收益扣除資本、勞力、企業家經營之收益。

在土地開發分析法之公式中，可明顯的看出其基本架構為運用收益分配原則。

$$P_{土地開發分析價格} = \left[S \div (1+r) \div (1+i) - (C+M) \right]$$

可視為

土地收益＝不動產之總收益－企業家經營利潤收益－資本利潤收益
　　　　　－勞力收益

最高最有效使用原則

由於土地或不動產的利用牽涉到使用人的特定需求或目的，往往可能會低度使用、違規使用、閒置不用等狀況，若只依其現況用收益法之觀點來估算其價格就會產生同一勘估標的物會有甚大之差異，甚至可能造成估算出來之收益價格為負數亦有可能，這就產生不合理之現象，故再估算一勘估標的物時，一定先得檢視其目前之使用是否以達「最高最有效」之狀態，以便達到此勘估標的之較適價格。

因此勘估標的若為空地，估價師即可假設該地之最高最有效之狀況，推算出該地之適當價格。

在土地開發分析中之 S：開發或建築後預期總銷售金額即需架構在「最高最有效使用」狀態，方可計算出最適之土地開發分析價格。

第三節　估價程序

土地開發分析法估價之程序如下：

一、確定土地開發內容及預期開發時間。

二、調查各項成本及相關費用並蒐集市場行情等資料。

三、現況勘察並進行環境發展程度之調查與分析。

四、估算開發或建築後可銷售之土地或建物面積。

五、估算開發或建築後總銷售金額。

六、估算各項成本及相關費用。

七、選擇適當之利潤率及資本利息綜合利率。

八、計算土地開發分析價格。

第四節　估價方法

公式

$$P_{\text{土地開發分析價格}} = \left[S \div (1+r) \div (1+i) - (C+M) \right]$$

其中：

$P_{\text{土地開發分析價格}}$：土地開發分析價格。

S：開發或建築後預期總銷售金額。

r：適當之利潤率。

i：開發或建築所需總成本之資本利息綜合利率。

C：開發或建築所需之直接成本。

M：開發或建築所需之間接成本。

S：開發或建築後預期總銷售金額

開發或建築後預期總銷售金額應按開發或建築後可銷售之土地或建物面積乘以推定之銷售單價計算之。

可銷售面積中之各部分銷售單價不同時，應詳列各部分面積及適用之單價。

前項銷售單價應考量價格日期當時銷售可實現之價值，以比較法或收益法求取之。

r：適當之利潤率

勘估標的之開發或建築利潤應視工程規模、開發年數與經濟景氣等因素，按營造或施工費、規劃設計費、廣告費、銷售費、管理費、資本利息、稅捐及其他負擔之合計額乘以適當利潤率計算之。

前項利潤率應由全聯會定期公告；未公告前依營造或建築業之平均經營利潤率為準，並得依開發或建物形態之不同，考量經營風險及開發或建築工期之長短酌予調整之。

前項建築工期指自申請建造執照開始至建築完成達到可交屋使用為止無間斷所需之時間。

第一項勘估標的為土地或包含土地者，合計額應另加計土地價格。

由技術規則可知

r=營造或建築業之平均經營利潤率

與成本法中之規定相同

i：開發或建築所需總成本之資本利息綜合利率

第 58 條　勘估標的之資本利息應依分期投入資本數額及資本使用年數，按自有資金與借貸資金分別計息，其自有資金與借貸資金比例，應依銀行一般放款成數定之。

前項資本利息之計算，應按營造施工費、規劃設計費、廣告費、銷售費、管理費、稅捐及其他負擔之合計額乘以利率計算。

第一項勘估標的為土地或包含土地者，前項合計額應另加計土地價格。

第 59 條　資金中自有資金之計息利率應不高於一年期定存利率且不低於活存利率；借款則以銀行短期放款利率計息；預售收入之資金應不計息。

資金中自有資金之計息利率應不高於一年期定存利率且不低於活存利率；如為借款則以銀行短期放款利率計息；預售收入之資金應不計息。

土地開發分析法之資本利息綜合利率，應依第五十八條及第五十九條規定計算資本利息年利率，並參考下列公式計算之：

資本利息綜合利率=資本利息年利率×（土地價值比率+建物價值比率×$\frac{1}{2}$）×開發年數。

勘估標的資本利息負擔特殊，或土地取得未立即營造施工者，資本利息綜合利率得再就前項規定之二分之一部分調整計算，並於估價報告書中敘明。

第一項建物價值比率之建物價值，得以營造施工費加計規劃設計費計算之。

由技術規則可知

$$i_{土開} = i_{成本法年利率} \times \left(土_{比} + 建_{比} \times 0.5 \right) \times N$$

$$土_{比} = \frac{P_土}{P_土 + (C + M_1)}$$
$$其中 M_1 為規劃設計費$$

$$建_{比} = 1 - 土_{比} = \frac{C + M_1}{P_土 + (C + M_1)}$$

$i_{成本法年利率}$ 可依成本法求得

$$i_{成本法年利率} = 自有資金_{比} \times i_{自有資金} + 借貸資金_{比} \times i_{借貸資金}$$

$$活期存款利率 \le i_{自有資金} \le 一年定存利率$$

$$i_{借貸資金} = 短期借款利率 = 一年借款利率$$

C：開發或建築所需之直接成本

直接成本：營造或施工費。

勘估標的之營造或施工費，項目如下：

一、直接材料費。

二、直接人工費。

三、間接材料費。

四、間接人工費。

五、管理費。

六、稅捐。

七、資本利息。

八、營造或施工利潤。

勘估標的之營造或施工費，得按下列方法擇一求取之：

1. 直接法：指就勘估標的之構成部分或全體，調查其使用材料之種別、品級、數量及所需勞力種別、時間等，並以勘估標的所在地區於價格日期之各種單價為基礎，計算其營造或施工費。

2. 間接法：指就同一供需圈內近鄰地區或類似地區中選擇與勘估標的類似之比較標的或標準建物，經比較與勘估標的營造或施工費之條件差異並作價格調整，以求取勘估標的營造或施工費。

直接法分為下列二種：

1. 淨計法：指就勘估標的所需要各種建築材料及人工之數量，逐一乘以價格日期當時該建築材料之單價及人工工資，並加計管理費、稅捐、資本利息及利潤。

2. 單位工程法：係以建築細部工程之各項目單價乘以該工程施工數量，並合計之。

間接法分為下列二種：

1. 工程造價比較法：指按工程概算項目逐項比較勘估標的與比較標的或標準建物之差異，並依工程價格及工程數量比率進行調整，以求取勘估標的之營造或施工費。

2. 單位面積（或體積）比較法：指以類似勘估標的之比較標的或標準建物之單位面積（或體積）營造或施工費單價為基礎，經比較並調整價格後，乘以勘估標的之面積（或體積）總數，以求取勘估標的之營造或施工費。

前項所稱標準建物，指按營造或施工費標準表所營造或施工之建物。

前項營造或施工費標準表應由不動產估價師公會全國聯合會（以下簡稱全聯會）按不同主體構造種類及地區公告之。未公告前，應依直轄市或縣（市）政府發布地價調查用建築改良物標準單價表為準。

M：開發或建築所需之間接成本

間接成本，其內容如下：

1. 規劃設計費。

2. 廣告費、銷售費。

3. 管理費。

4. 稅捐及其他負擔。

勘估標的為建物時，規劃設計費按內政部所定建築師酬金標準表及直轄市或縣（市）政府發布之建造執照工程造價表計算之，或按實際營造施工費之百分之二至百分之三推估之。

第 77 條　　廣告費、銷售費、管理費及稅捐，應按總銷售金額乘以相關費率計算，相關費率應由全聯會定期公告之。

因此，從技術規則知

$$M = M_1 + M_2 + M_3 + M_4 = \beta \times C + \alpha \times S$$

其中 $0.02 \le \beta \le 0.03$

總結而言

土地開發分析法與成本法求取變數之異同如下：

變數	成本法	土地開發分析法
C	相同	相同
M_1	相同	相同
M_2	總成本×5%	總銷售金額×5%
M_3	總成本×4%	總銷售金額×4%
M_4	總成本×1%	總銷售金額×1%
i	$i_{成本法年利率}$	$i_{土開} = i_{成本法年利率} \times (土_{比} + 建_{比} \times 0.5) \times N$
r	相同	相同

第五節　估價實務問題舉例

設有一塊可開發建地，面積 1,000 坪，建蔽率 50%，容積率 225%，擬興建地下 2 層地上 7 層，營造費用每坪 5 萬元，經市場調查本案完工後房地 1 樓可售 50 萬／坪，2 樓以上可售 20 萬／坪，車位 150 萬／個，試以土地開發分析法評估該建地價格。（已知 1F 可售面積：500 坪，2F 以上共 2,000 坪，車位：100 個，營造面積：4,000 坪，資本利息綜合利率：12%，該案之利潤率：20%）

解

$$P_{土地開發分析價格} = \left[S \div (1+r) \div (1+i) - (C+M) \right]$$

　　$C = 4,000 \times 5 = 20,000$ 萬

　　$S = 500 \times 50 + 2,000 \times 20 + 100 \times 150 = 80,000$ 萬

依技術規則規定，設規劃設計費為總工程費之 2%，廣告費銷售費為總銷金額之 5%，管理費為 4%，稅捐為 1%。

$$M = C \times 2\% + S \times (5\% + 4\% + 1\%) = 20,000 \times 2\% + 80,000 \times 10\% = 8,400 \text{ 萬}$$

$$P_{土地開發分析價格} = 80,000 \div (1+0.2) \div (1+12\%) - (20,000 + 8,400) = 31,124 萬$$

特別補充

從技術規則知

$$i_{土開} = i_{成本法年利率} \times \left(土_{比} + 建_{比} \times 0.5\right) \times N$$

$$土_{比} = \frac{P_{土}}{P_{土} + \left(C + M_1\right)}$$

$$建_{比} = 1 - 土_{比} = \frac{C + M_1}{P_{土} + \left(C + M_1\right)}$$

其中 M_1 為規劃設計費

$i_{成本法年利率}$ 可依成本法求得

$i_{成本法年利率} = 自有資金_{比} \times i_{自有資金} + 借貸資金_{比} \times i_{借貸資金}$

活期存款利率 $\leq i_{自有資金} \leq$ 一年定存利率

$i_{借貸資金} = 短期借款利率 = 一年借款利率$

因此，

$$i_{土開} = i_{成本法年利率} \times \left(\frac{P_{土}}{P_{土} + \left(C + M_1\right)} + \frac{C + M_1}{P_{土} + \left(C + M_1\right)} \times 0.5\right) \times N$$

$i_{土開} = f(P_{土})$，不可能是一個數值，

因為 $P_{土}$ 就是我們要求的 $P_{土地開發分析價格}$

代回 $P_{土地開發分析價格} = \left[S \div (1+r) \div (1+i) - (C+M)\right]$ 知

$P_{土開} = f(P_{土})$，因此其實需解一元二次方程式方能求出 $P_{土地開發分析價格}$

詳細說明如下

$$P_{土} = S \div \left(1+r\right) \div \left(1 + i_{土開}\right) - \left(C + M\right) \quad \text{...} (1)$$

$$i_{土開} = i_{成本法年利率} \times \left(土_{比} + 建_{比} \times 0.5\right) \times N \quad \text{...} (2)$$

$$\pm_{比} = \frac{P_\pm}{P_\pm + (C + M_1)} \quad\dots\dots\dots\dots\dots\dots\dots\dots\dots\dots\dots\dots (3)$$

$$建_{比} = 1 - \pm_{比} = \frac{C + M_1}{P_\pm + (C + M_1)} \quad\dots\dots\dots\dots\dots\dots\dots\dots (4)$$

$i_{成本法年利率}$ 可依成本法求得

$$i_{成本法年利率} = 自有資金_{比} \times i_{自有資金} + 借貸資金_{比} \times i_{借貸資金}$$

$$i_{成本法年利率} = 自有資金_{比} \times i_{自有資金} + 借貸資金_{比} \times i_{借貸資金}$$

$$活期存款利率 \leq i_{自有資金} \leq 一年定存利率$$

$$i_{借貸資金} = 短期借款利率 = 一年借款利率$$

因 $P_\pm$ 為未知~~從式(3)C 及 M_1 為已知，唯一的未知數就是 $P_\pm$

所以，$\pm_{比}$ 為 $f(P_\pm)$

從式(4)知 $建_{比}$ 亦為 $f(P_\pm)$

依式(2)代回式(1)

式(1)會成為 $P_\pm$ 的一元二次方程式 $aP_\pm{}^2 + bP_\pm + c = 0$

可以 $P_\pm = \dfrac{-b \mp \sqrt{b^2 - 4ac}}{2a}$ 求得真解

解法如下：

將式(2)代回式(1)

$$P_\pm = S \div (1+r) \div \left\{ 1 + i_{成本法年利率} \times \left(\frac{P_\pm}{P_\pm + (C + M_1)} + \frac{C + M_1}{P_\pm + (C + M_1)} \times 0.5 \right) \times N \right\} - (C + M)P_\pm$$

$$= S \div (1+r) \div \left\{ 1 + i_{成本法年利率} \times \left(\frac{P_\pm}{P_\pm + (C + M_1)} + \frac{C + M_1}{P_\pm + (C + M_1)} \times 0.5 \right) \times N \right\} - (C + M)$$

$$(P_\pm + C + M) \times (1+r) \times \left\{ 1 + i_{成本法年利率} \times \left(\frac{P_\pm}{P_\pm + (C + M_1)} + \frac{C + M_1}{P_\pm + (C + M_1)} \times 0.5 \right) \times N \right\} = S$$

$$\left(P_{土}+C+M\right)\times\left(1+r\right)\times\dfrac{P_{土}+C+M_1+i_{成本法年利率}\times N\times P_{土}+i_{成本法年利率}\times N\times\dfrac{C+M_1}{2}}{P_{土}+\left(C+M_1\right)}=S$$

$$\left(P_{土}+C+M\right)\times\left(1+r\right)\times\left[P_{土}+C+M_1+i_{成本法年利率}\times N\times P_{土}+i_{成本法年利率}\times N\times\dfrac{C+M_1}{2}\right]$$

$$=S\times\left(P_{土}+C+M_1\right)$$

$$[P_{土}\times\left(1+r\right)+\left(C+M\times\left(1+r\right)\right)]\times\left[P_{土}\times\left(1+i_{成本法年利率}\times N\right)+\left(C+M_1\right)\times\left(1+\dfrac{i_{成本法年利率}\times N}{2}\right)\right]$$

$$=S\times P_{土}+S\times\left(C+M_1\right)$$

$$P_{土}{}^2\times\left(1+r\right)\times\left(1+i_{成本法年利率}\times N\right)+P_{土}$$

$$\times\left[\left(1+r\right)\times\left(C+M_1\right)\times\left(1+\dfrac{i_{成本法年利率}\times N}{2}\right)+\left(C+M\right)\times\left(1+r\right)\times\left(1+i_{成本法年利率}\times N\right)\right]$$

$$+\left(C+M\right)\times\left(C+M_1\right)\times\left(1+r\right)\times\left(1+\dfrac{i_{成本法年利率}\times N}{2}\right)=S\times P_{土}+S\times\left(C+M_1\right)$$

$$\left(1+r\right)\times\left(1+i_{成本法年利率}\times N\right)\times P_{土}{}^2$$

$$+\left[\left(1+r\right)\times\left(C+M_1\right)\times\left(1+\dfrac{i_{成本法年利率}\times N}{2}\right)+\left(C+M\right)\times\left(1+r\right)\times\left(1+i_{成本法年利率}\times N\right)-S\right]$$

$$\times P_{土}+\left(C+M\right)\times\left(C+M_1\right)\times\left(1+r\right)\times\left(1+\dfrac{i_{成本法年利率}\times N}{2}\right)-S\times\left(C+M_1\right)=0$$

式(1)成為 $P_{土}$ 的一元二次方程式 $aP_{土}{}^2+bP_{土}+c=0$

$$a=\left(1+r\right)\times\left(1+i_{成本法年利率}\times N\right)$$

$$b=\left[\left(1+r\right)\times\left(C+M_1\right)\times\left(1+\dfrac{i_{成本法年利率}\times N}{2}\right)+\left(C+M\right)\times\left(1+r\right)\times\left(1+i_{成本法年利率}\times N\right)-S\right]$$

$$c=\left(C+M\right)\times\left(C+M_1\right)\times\left(1+r\right)\times\left(1+\dfrac{i_{成本法年利率}\times N}{2}\right)-S\times\left(C+M_1\right)$$

$$P_{土}=\dfrac{-b\pm\sqrt{b^2-4ac}}{2a}$$

此為 $P_{土地開發分析價格}$ 之正確解

舉例說明

　　設有一塊可開發建地，面積 1,000 坪，建蔽率 50%，容積率 225%，擬興建地下 2 層地上 7 層，營造費用每坪 5 萬元，經市場調查本案完工後房地 1 樓可售 50 萬／坪，2 樓以上可售 20 萬／坪，車位 150 萬／個，試以土地開發分析評估該建地價格。（已知 1F 可售面積：500 坪，2F 以上共 2,000 坪，車位：100 個，營造面積：4,000 坪，資本利息年利率：3%，開發年數：2 年，該案之利潤率：20%）

解

$$P_{土地開發分析價格} = \left[S \div (1+r) \div (1+i) - (C+M)\right]$$

$C = 4,000 \times 5 = 20,000$ 萬

$S = 500 \times 50 + 2,000 \times 20 + 100 \times 150 = 80,000$ 萬

依技術規則規定，設規劃設計費為總工程費之 2%，廣告費銷售費為總銷金額之 5%，管理費為 4%，稅捐為 1%。

$M = C \times 2\% + S \times (5\% + 4\% + 1\%) = 20,000 \times 2\% + 80,000 \times 10\% = 8,400$ 萬

$S = 80,000$ ， $C = 20,000$

$M_1 = 400$ ， $M_2 + M_3 + M_4 = 8,000$

$r = 0.2, N = 2$

$i_{土開} = i_{成本年利率} \times (土_{比} + 建_{比} \times 0.5) \times N$

$$P_{土} = 80,000 \div (1+0.2) \div \left[1 + 0.03 \times \left(\frac{P_{土}}{P_{土}+20,400} + \frac{20,400}{P_{土}+20,400} \times 0.5\right) \times 2\right] - (20,000+8,400)$$

$P_{土} = 35,153.6$ 萬元，另一解 $P_{土} = -20,483.1$ 萬元（負不合）

土地開發分析法試算表

S	80000	a	1.272
C	20000	b	-18660.8
M1	400	c	-915911040
M2	3200		
M3	800	解一	35153.5828
I 年利率	0.03	解二	-20483.143
r	0.2		
N	2		

另解

由於若是考試時，以方程式法求解時間可能過久，且錯誤機率蠻高，因此可以疊代法求算，疊代求解過程如下：

猜 $土_比 = 0.5$

則 $建_比 = 0.5$，$i_{土開} = 0.045$ ，$P_土 = 35,395.85$

將 $P_土 = 35,395.85$ 代回 $土_比 = 0.634381432$

再猜 $土_比 = 0.634381432$，則 $建_比 = 0.365618568$ ，$i_{土開} = 0.049031443$，

$P_土 = 35,150.68489$

將 $P_土 = 35,150.68489$ 代回 $土_比 = 0.632767804$

疊代過程詳如下表

亦可快速地求得 $P_土 = 35,153.6$ 萬元

從下表也可知大約疊代 2~3 次後其解已甚為精確

	1	2	3	4	5
$土_比$	0.5	0.634381432	0.632767804	0.632787191	0.632786958
$建_比$	0.5	0.365618568	0.367232196	0.367212809	0.367213042
$i_{土開}$	0.045	0.049031443	0.048983034	0.048983616	0.048983609
$P_土$	35395.853	35150.68489	35153.61765	35153.58241	35153.58283
代回 $土_比$	0.6343814	0.632767804	0.632787191	0.632786958	0.632786961

總結如下

1. **疊代法：**

   猜任一個 $土_比$ 之值，解出 $i_{土開}$ 代回土開方程式解得 $P_土$ ，代回解出新的疊代 $土_比$ 值。

   若新 $土_比$ 與原 $土_比$ 值誤差甚小即停止疊代。

   須多次疊代。

2. **方程式法：**

   依條件式的聯立方程式解 $P_土$ 的一元二次方程式，一次解出！

   $P_土$ 的一元二次方程式

   $$aP_土^2 + bP_土 + c = 0$$

   $$a = (1+r) \times (1 + i_{成本法年利率} \times N)$$

   $$b = \left[(1+r) \times (C+M_1) \times \left(1 + \frac{i_{成本法年利率} \times N}{2} \right) + (C+M)(1+r) \times (1 + i_{成本法年利率} \times N) - S \right]$$

   $$c = (C+M) \times (C+M_1) \times (1+r) \times \left(1 + \frac{i_{成本法年利率} \times N}{2} \right) - S \times (C+M_1)$$

   $$P_土 = \frac{-b \pm \sqrt{b^2 - 4ac}}{2a}$$

租金估計

第一節　不動產估價技術規則相關條文
第二節　租金種類
第三節　新訂租金方法
第四節　續訂租金方法

　　不動產有時並非一定以求取其價格為目的，若為出租型不動產時則往往對投資者而言最需了解的是其租金的高低，因此，不動產的租金估價，亦為估價人員所必須深入了解其求法。且若能精確求出不動產租金，亦可經由收益法之計算，精確求算出不動產價格。

第一節　不動產估價技術規則相關條文

第 129 條　不動產之租金估計應考慮契約內容、租期長短、使用目的、稅費負擔、租金水準、變遷狀態、租約更新、變更條件及其他相關因素估計之。

第 130 條　不動產租金估計，以估計勘估標的之實質租金為原則。
　　　　　　前項所稱實質租金，指承租人每期支付予出租人之租金，加計押金或保證金、權利金及其他相關運用收益之總數。

第 131 條　不動產租金估計，應視新訂租約與續訂租約分別為之。

第 132 條　新訂租約之租金估計，得採下列方式為之：
　　　　　　一、以新訂租約之租賃實例為比較標的，運用比較法估計之。
　　　　　　二、以勘估標的價格乘以租金收益率，以估計淨收益，再加計必要費用。
　　　　　　三、分析企業經營之總收入，據以估計勘估標的在一定期間內之淨收益，再加計必要費用。

第 133 條　續訂租約之租金估計，得採下列方式為之：
　　　　　　一、以續訂租約之租賃實例為比較標的，運用比較法估計之。
　　　　　　二、以勘估標的於價格日期當時之正常價格為基礎，乘以續租之租金收益率，以估計淨收益，再加計必要費用。
　　　　　　三、以勘估標的原契約租金之淨收益，就其租金變動趨勢調整後，再加計必要費用。
　　　　　　四、分析勘估標的原契約租金與市場經濟租金之差額中，應歸屬於出租人之適當部分，加計契約租金。

第二節　租金種類

　　新訂租金：指初訂租賃契約時的租金。

　　續租租金：接續之前租賃契約，繼續承租所訂之租金。

　　契約租金（支付租金）：租約上所明訂之實際租金。

　　市場租金：不動產在市場上合理可出租之經濟租金。

　　純租金：指市場租金扣除管理費、維修費、稅金等費用所餘，歸屬於不動產之租金。

　　實質租金：指承租人每期支付予出租人之租金，加計押金或保證金、權利金及其他相關運用收益之總數。

舉例說明

　　若有一出租不動產，合約約定每月租金為 1 萬元，押金為 2 個月，若押金之運用收益為 1%／年，則該不動產之年實質租金為何？

解　　年實質租金=10,000×12+10,000×2×1%=120,200

第三節　新訂租金方法

積算法（成本法）

　　積算租金等於以勘估標的價格乘以租金收益率，以估計淨收益，再加計必要費用。

　　其中必要費用包括稅負、折舊、修繕、管理等必要費用。

公式如下：

　　　　積算租金＝勘估標的價格×租金收益率+必要費用

租賃實例比較法（比較法）

以新訂租約之租賃實例為比較標的，運用比較法估計之。

公式如下：

$$A_{勘估標的} = A_{比較標的} \times \frac{(情況調整)}{100} \times \frac{(價格日期調整)}{100} \times$$
$$\frac{(區域因素調整)}{100} \times \frac{(個別因素調整)}{100}$$

其中：

$A_{勘估標的}$：勘估標的之新訂租金。

$A_{比較標的}$：比較標的之新訂租金。

收益分析法（收益法）

收益分析法指分析企業經營之總收入，據以估計勘估標的在一定期間內之淨收益，再加計必要費用。

其中必要費用包括稅負、折舊、修繕、管理等必要費用。

公式如下：

收益租金＝經營合理歸屬房地之淨收益+必要費用

第四節　續訂租金方法

差額分配法

所謂差額分配法，是指若市場租金與契約租金有「差額」存在時，則表示契約租金並沒有全面反應該不動產之經濟價值，而再判定此差額中歸屬於出租人之適當部份（或比例），將此歸屬於出租人之適當部份（或比例）加計上原契約租金即為續訂之租金額。

簡言之即為分析勘估標的原契約租金與市場經濟租金之差額中，應歸屬於出租人之適當部分，加計契約租金。

公式如下：

續訂租金＝原契約租金＋（市場經濟租金－原契約租金）×歸屬於出
租人之適當比例

比率法（利率法）

所謂比率法，是指以勘估標的於價格日期當時之正常價格為基礎，乘以續租之租金收益率，以估計淨收益，再加計必要費用。

其中必要費用包括稅負、折舊、修繕、管理等必要費用。

公式如下：

續訂租金＝勘估標的物於續約日之正常價格×適當之續租租金收益率
＋必要費用

租賃實例比較法（比較法）

以續訂租約之租賃實例為比較標的，運用比較法估計之。

公式如下：

$$B_{勘估標的} = B_{比較標的} \times \frac{（情況調整）}{100} \times \frac{（價格日期調整）}{100} \times$$
$$\frac{（區域因素調整）}{100} \times \frac{（個別因素調整）}{100}$$

其中：

$B_{勘估標的}$：勘估標的之續訂租金。

$B_{比較標的}$：比較標的之續訂租金。

推算法

　　所謂推算法，以勘估標的原契約租金之淨收益，就其租金變動趨勢調整後，再加計必要費用。

　　其中必要費用包括稅負、折舊、修繕、管理等必要費用。

公式如下：

　　　　續訂租金＝原訂契約之淨收益×物價、房地價等綜合考慮之變動率
　　　　　　　　　＋必要費用

估價各論

第一節　宗地估價

第二節　特殊宗地估價

第三節　房地估價

第四節　土地改良物估價

第五節　權利估價

第六節　大量估價

第一節　　宗地估價

所謂宗地估價，大多是為素地估價或獨立估價，茲將分別說明如下：

素地估價：指沒有地上物亦無他項權利存在之土地。

獨立估價：若土地上面有建築物存在，但將建築物「視而不見」當成素地來估價，此種估算方式稱為獨立估價。

宗地估價方法：

一、比較法

比較法：指以比較標的價格為基礎，經比較、分析及調整等，以推算勘估標的價格之方法。依前項方法所求得之價格為比較價格。

其公式如下：

$$P_{勘估標的} = P_{比較標的} \times \frac{(情況調整)}{100} \times \frac{(價格日期調整)}{100} \times$$
$$\frac{(區域因素調整)}{100} \times \frac{(個別因素調整)}{100}$$

其中：

$P_{勘估標的}$：勘估標的之比較價格。

$P_{比較標的}$：比較標的之價格。

二、收益法

收益法：指以勘估標的未來平均一年期間之客觀淨收益，應用價格日期當時適當之收益資本化率推算勘估標的價格之方法。

依前項方法所求得之價格為收益價格。

在收益無限期間時之收益價格公式如下：

$$P_{收益價格} = \frac{a}{r}$$

其中：

a：宗地年收益淨收益＝房地年有效總收入－房地年總費用。

r：宗地年綜合收益資本化率。

三、土地開發分析法

土地開發分析法：指根據土地法定用途及使用強度進行開發及改良所導致土地效益之變化，估算開發或建築後總銷售金額，扣除開發期間之直接、間接成本、資本利息及利潤後，求得開發前或建築前土地價格之方法。

依前項方法所求得之價格為土地開發分析價格。

其公式如下：

$$P_{\text{土地開發分析價格}} = \left[S \div (1+r) \div (1+i) - (C+M) \right]$$

其中：

$P_{\text{土地開發分析價格}}$：土地開發分析價格。

S：開發或建築後預期總銷售金額。

r：適當之利潤率。

i：開發或建築所需總成本之資本利息綜合利率。

C：開發或建築所需之直接成本。

M：開發或建築所需之間接成本。

四、預期開發法

預期開發法是求取「開發前」土地價格的一種方法，其計算模式類似於土地開發分析，但多考慮了「宅地化率」此項因子，此因子猶如土地重劃或土地變更中參與重劃或變更後土地所有權人可領回之土地比率，也多考慮了新開發完成土地之「成熟度修正」及「個別因素之修正率」

其公式如下：

$$X = \left\{ A \times f - \left[(B+K)(1+nP) + C \right] \right\} \times \frac{1}{1+n'P} \times \frac{1}{(1+r)^n} \times D$$

其中：

X：開發前素地價格。

A：開發後土地之下限價格。

f：宅地化率。

B：開發工事費。

K：各種負擔金。

n：開發工事費之利息負擔月數。

P：投入資本之期待收益率（以月利率計算）。

C：開發之間接費用。

n'：土地成本之利息負擔月數。

$\dfrac{1}{(1+r)^n}$：成熟度修正率（r：月利率）。

D：個別因素之修正率。

想想看

　　若已知某開發案之重劃後可建築用地之平均單價為 3.65 萬元，重劃前之土地面積為 7,500M²，重劃後之住宅面積為 5,500 M²，公共設施面積為 2,000 M²，有效宅地化率為 73.3%，月利率為 0.3%，重劃之雜項工程費為 180 萬元，雜項工程監造及設計費為 40 萬元，重劃作業及拆遷補償等間接費用為 250 萬元，開發工程及土地成本之利息負擔月數皆為 10，成熟度修正率為 94%，個別因素之差距修正率為 105%，試以成本法之預期開發法評估重劃前土地權利總值及各宗土地平均地價。

提示：

$$X = \left\{36,500 \times 0.733 - \left[\frac{(180+40)}{7,500} \times \left(1 + \frac{10}{2} \times 0.3\%\right) + \frac{250}{7,500}\right]\right\} \times \frac{1}{1 + 10 \times 0.3\%}$$

$$\times 0.94 \times 1.05$$

X 即得該地平均單價

將求得平均單價 X 乘以面積 7,500 即得土地權利總值

五、開發成本法

　　開發成本法是求取「開發後」土地價格的一種方法，其計算模式類似於成本法，但多考慮了「宅地化率」此項因子，此因子猶如土地重劃或土地變更中參與重劃或變更後土地所有權人可領回之土地比率，因此，若如山坡地之開發或市地重劃、區段徵收等須經開發過程始可成為建地之情況時尤為適用。

其公式如下：

$$A = \frac{1}{f} \times \frac{1}{1-\alpha} \times \left[\left(1 + n'P \right) X + B \left(1 + nP \right) \right]$$

其中

　　A：開發後土地之下限價格。

　　f：宅地化率。

　　α：管銷費率。

　　X：開發前素地價格。

　　B：開發工事費。

　　n'：土地成本之利息負擔月數。

　　n：開發工事費之利息負擔月數。

　　P：投入資本之期待收益率（以月利率計算）。

🏠 想想看

　　設某土地開發案開發前購買土地單價為每坪 10,000 元，開發後公共設施用地比率為 25%，開發工事費用每坪 6,500 元，土地負擔利息期間 24 個月，開發工事費之利息負擔月數為 15 個月，若管銷費率為 8%，利息為月利率 0.3%，求該開發案開發後之土地單價？

　　提示：

$$A = \frac{1}{0.75} \times \frac{1}{1-0.08} \times \left[(1 + 24 \times 0.3\%) \times 10,000 + 6,500 \times \left(1 + \frac{15}{2} \times 0.3\% \right) \right] = 25,168$$

技術規則規定

第 83 條　以合併或分割為前提之宗地估價，應考慮合併或分割前後之價格變動情形，而予酌量增減。

第 84 條　數筆土地合併為一宗進行土地利用之估價，應以合併後土地估價，並以合併前各筆土地價值比例分算其土地價格。

非以合併一宗進行土地利用為目的之數筆相連土地，其屬同一土地所有權人所有者，比照前項規定計算。

第 85 條　一宗土地內有數種不同法定用途時，應考量其最有效使用及各種用途之相關性及分割之難易度後，決定分別估價或依主要用途估價。

第 86 條　附有建物之宗地估價，應考慮該建物對該宗地價格造成之影響。但以素地估價為前提並於估價報告書敘明者，不在此限。

第 87 條　對以進行開發為前提之宗地，得採土地開發分析法進行估價，並參酌比較法或收益法之評估結果決定其估價額。

第 88 條　土地之上下因有其他設施通過，致使用受限制之宗地，應先估算其正常價格，再考量該設施通過造成土地利用之影響，並計算其地價減損額後，從正常價格中扣除之，以其餘額為該宗地之價格。

第 89 條　受有土壤或地下水汙染之土地，應先估算其未受汙染之正常價格，再依據委託人提供之土壤汙染檢測資料，考量該土壤或地下水汙染之影響，並計算其地價減損額後，從正常價格中扣除之，以其餘額為該宗地之價格。

第二節　特殊宗地估價

　　特殊宗地由於情況特殊，較難運用成本法、收益法及土地開發分析法，因此大多以「比較法」為原則來估價。在技術規則中除高爾夫球場之估價，因難在同一供需圈內找到情況相似且有交易價格之比較標的，因此，以「成本法」估價外，大多皆以採用「比較法」為原則。

　　估價人員除運用適當估價法估算勘估標的外，應以勘估標的物之不動產特性作適當之調整，以推算出最適之不動產價格。

特殊宗地估價方法

一、比較法

比較法：指以比較標的價格為基礎，經比較、分析及調整等，以推算勘估標的價格之方法。依前項方法所求得之價格為比較價格。

其公式如下：

$$P_{勘估標的} = P_{比較標的} \times \frac{(情況調整)}{100} \times \frac{(價格日期調整)}{100} \times \frac{(區域因素調整)}{100} \times \frac{(個別因素調整)}{100}$$

其中：

$P_{勘估標的}$：勘估標的之比較價格。

$P_{比較標的}$：比較標的之價格。

二、成本法

一般說來，成本法應只能夠推算建物，無法推估土地價格，但若如海埔新生地此類特殊土地，則由於投入土地改良成本，改變土地之高程為人類所用，則可以所投入之成本是為取得土地之價格，當然，這是架構在特殊狀況，且又不考慮其他規費及間接費用的前提下之方法論。

成本法：指勘估標的於價格日期當時重新取得或重新建造所需成本，扣減其累積折舊額或其他應扣除部分，以推算勘估標的價格之方法。
依前項方法所求得之價格為成本價格。

建物估價以求取重建成本為原則。但建物使用之材料目前已無生產或施工方法已改變者，得採重置成本替代之。

重建成本，指使用與勘估標的相同或極類似之建材標準、設計、配置及施工品質，於價格日期重新複製建築所需之成本。

重置成本，指與勘估標的相同效用之建物，以現代建材標準、設計及配置，於價格日期建築所需之成本。

成本法之基本公式如下：

$$P_{房地價格} = X_{土地價格} + X_{建物重建（重置）價值} - 減價折舊修正額$$

其中：

$P_{房地價格}$：房地之成本價格。

$X_{土地價格}$：以比較法、收益法、土地開發分析法或其他方法推求之土地價格依技術規則第 69 條推算之土地總成本。

三、收益法

收益法：指以勘估標的未來平均一年期間之客觀淨收益，應用價格日期當時適當之收益資本化率推算勘估標的價格之方法。

依前項方法所求得之價格為收益價格。

在收益無限期間時之收益價格公式如下：

$$P_{收益價格} = \frac{a}{r}$$

其中：

a：宗地年收益淨收益＝房地年有效總收入－房地年總費用。

r：宗地年綜合收益資本化率。

四、土地開發分析法

土地開發分析：指根據土地法定用途及使用強度進行開發及改良所導致土地效益之變化，估算開發或建築後總銷售金額，扣除開發期間之直接、間接成本、資本利息及利潤後，求得開發前或建築前土地價格之方法。

依前項方法所求得之價格為土地開發分析價格。

其公式如下：

$$P_{土地開發分析價格} = \left[S \div (1+r) \div (1+i) - (C+M) \right]$$

其中：

$P_{土地開發分析價格}$：土地開發分析價格。

S：開發或建築後預期總銷售金額。

r：適當之利潤率。

i：開發或建築所需總成本之資本利息綜合利率。

C：開發或建築所需之直接成本。

M：開發或建築所需之間接成本。

五、預期開發法

預期開發法是求取「開發前」土地價格的一種方法，其計算模式類似於土地開發分析法，但多考慮了「宅地化率」此項因子，此因子猶如土地重劃或土地變更中參與重劃或變更後土地所有權人可領回之土地比率，也多考慮了新開發完成土地之「成熟度修正」及「個別因素之修正率」

其公式如下：

$$X = \left\{ A \times f - \left[\left(B + K \right) \left(1 + nP \right) + C \right] \right\} \times \frac{1}{1 + n'P} \times \frac{1}{\left(1 + r \right)^{n}} \times D$$

其中

X：開發前素地價格。

A：開發後土地之下限價格。

f：宅地化率。

B：開發工事費。

K：各種負擔金。

n：開發工事費之利息負擔月數。

P：投入資本之期待收益率（以月利率計算）。

C：開發之間接費用。

n'：土地成本之利息負擔月數。

$\dfrac{1}{\left(1 + r \right)^{n}}$：成熟度修正率（$r$：月利率）。

D：個別因素之修正率。

六、開發成本法

開發成本法是求取「開發後」土地價格的一種方法，其計算模式類似於成本法，但多考慮了「宅地化率」此項因子，此因子猶如土地重劃或土地變更中參與

重劃或變更後土地所有權人可領回之土地比率,因此,若如山坡地之開發或市地重劃、區段徵收等須經開發過程始可成為建地之情況時尤為適用。

其公式如下:

$$A = \frac{1}{f} \times \frac{1}{1-\alpha} \times \left[(1+n'P)X + B(1+nP) \right]$$

其中
　　A:開發後土地之下限價格。
　　f:宅地化率。
　　α:管銷費率。
　　X:開發前素地價格。
　　B:開發公事費。
　　n':土地成本之利息負擔月數。
　　n:開發工事費之利息負擔月數。
　　P:投入資本之期待收益率(以月利率計算)。

技術規則規定

第 90 條　　溫泉地之估價,應考慮溫泉地之水權內容、開發成本、水量、水質、水溫、當地之交通情形、相關設施及遊客人數等影響溫泉地價格之因素。

第 91 條　　高爾夫球場之估價,應考慮會員制度、球場設施、開發成本、收益及營運費用等因素。

第 92 條　　林地之估價,得視林木之成長情形而分別採取比較法、收益法及成本法估計之。於採成本法估價時,其總費用之計算,應考量造林費、林地改良費及道路開挖費用。

第 93 條　　農場或牧場之估價,以比較法估價為原則。無買賣實例者,得以附近土地價格為基礎,考慮其位置、形狀、地形、土壤特性及利用狀況等差異,比較推估之。

第 94 條　　鹽田之估價,以比較法估價為原則。無買賣實例者,得以附近土地價格為基礎,考慮其日照、通風、位置及形狀等差異,比較推估之。

第 95 條　池沼、墓地之估價，以比較法估價為原則。無買賣實例者，得以附近土地價格為基礎，考慮位置、形狀、利用狀況等差異，比較推估之。

第 96 條　（刪除）

第 97 條　公共設施用地及公共設施保留地之估價，以比較法估價為原則。無買賣實例者，得比較其與毗鄰土地使用分區及使用強度差異，及土地價值減損情況，並斟酌毗鄰土地平均價格為基礎推算之。

第三節　房地估價

房地估價原理

　　由於大樓本身之市場價格每個樓層之單價會因效用及社會因素等原因而不同，大都是呈現一樓最貴，而四樓最便宜之現象。

　　又由於大樓之造價，若以成本法中單位面積比較法來求取時，並無法分別得到有樓層差別之不同單價。

　　而房地之總價簡單來表示，應是

　　　　房地價=土地價+建物價

　　由前面得知，房地價每層不同，建物價卻只能每層單價相同，因此，唯有土地每層之單價不同，方能符合現實狀況，所以，大樓估價時會有將基地價格，展成「立體地價」，以符合不同樓層會有不同土地單價之「土地貢獻說」之方法論。

　　易言之，樓層別效用是大樓因每個樓層的效用及各項一般、區域、個別等因素而顯現的效用差異，是一種土地加上建物的整體表現，實務上，即市場上的房價單價。而「樓層別效用比」則是將各樓層別效用中的其中一層樓層換算成為100%之基準樓層後，將其他樓層依基準樓層之相對比例求取之相對樓層效用比例。實務上，大都以四樓（即最低效用樓層）作為基準樓層 100%，則此時其他樓層別效用比皆會高於 100%。

由於

> 房地價＝土地價＋建物價
> 土地價＝房地價－建物價
> 樓層別效用＝地價效用＋建物效用
> 地價效用＝樓層別效用－建物效用
> 地價分配率＝樓層別效用比－建物效用

所以，地價分配率只是將「房地整體」的效用比「不同」，減掉「相同」的「建物效用」而求得之「不同」土地效用比而已。

易言之，地價分配率即是以「土地貢獻說」之假設下，依市場價格求取每層樓樓層別效用比後，減去每層樓相同之建物之效用後而求得之每層樓不同之土地立體地價分配率。

房地估價方法

不動產估價技術規則第 99 條

以勘估標的之房地價格推估其基地單價時，得以下列方式估計之：

一、勘估標的之基地價格＝勘估標的之房地價格－勘估標的之建物成本價格。

二、勘估標的之基地單價＝勘估標的之基地價格／勘估標的之基地面積。

勘估標的之土地價值比率及建物價值比率已知者，以勘估標的之房地價格推估其基地單價時，亦得以下列方式估計之：

一、勘估標的之基地價格＝勘估標的之房地價格×土地價值比率

二、勘估標的之基地單價＝勘估標的之基地價格／勘估標的之基地面積。

前項所稱土地價值比率及建物價值比率，應參酌當地市場調查資料，運用估價方法計算之。

不動產估價技術規則第 100 條

勘估標的屬區分所有建物時，以其房地價格推估該區分所有建物基地單價時，得以下列方式估計之：

一、該區分所有建物基地權利價格＝該區分所有建物房地價格－該區分所有建物之建物成本價格。

二、該區分所有建物之基地權利單價＝該區分所有建物基地權利價格／該區分所有建物之基地持分面積。

三、基地單價＝該區分所有建物之基地權利單價×平均地價分配率／該區分所有建物之地價分配率。

前項第三款該區分所有建物之地價分配率公式如下：

該區分所有建物之地價分配率＝該區分所有建物之樓層別效用比－平均樓層別效用比×全棟建物成本價格占全棟房地總價格比率。

設某棟 7F 大樓建物價值為整棟大樓價值之 40%，其餘相關資料如下表

樓層	房價（萬／坪）	樓層別效用比	建物效用	地價分配率
1F	15	187.5%	49.64%	137.86%
2F	10	125%	49.64%	75.36%
3F	9	112.5%	49.64%	62.86%
4F	8	100%	49.64%	50.36%
5F	8.5	106.25%	49.64%	56.61%
6F	9	112.5%	49.64%	62.86%
7F	10	125%	49.64%	75.36%
合計		868.75%		
平均		124.11%		74.47%

建物效用=平均樓層別效用比×建物價值比=124.11%×40%=49.64%

想想看

　　承上表，若已知 6F 之區分所有建物之基地權利單價為 25.32 萬元／坪，問基地單價為何？

解　25.32×74.47%/62.86%=30 萬元／坪

技術規則規定

第 98 條　區分所有建物之估價，應就專有部分、共用部分之比例及基地權利合併估價，並考量其與比較標的之樓層別效用比及位置差異作適當之調整。

　　　　　前項樓層別效用比，由全聯會按不同地區所蒐集之案例公告，供前項調整之參考，並依市場行情及地方習慣推估之。

第 99 條　以勘估標的之房地價格推估其基地單價時，得以下列方式估計之：

　　　　　一、勘估標的之基地價格＝勘估標的之房地價格－勘估標的之建物成本價格。

　　　　　二、勘估標的之基地單價＝勘估標的之基地價格／勘估標的之基地面積。

　　　　　勘估標的之土地價值比率及建物價值比率已知者，以勘估標的之房地價格推估其基地單價時，亦得以下列方式估計之：

　　　　　一、勘估標的之基地價格＝勘估標的之房地價格×土地價值比率

　　　　　二、勘估標的之基地單價＝勘估標的之基地價格／勘估標的之基地面積。

　　　　　前項所稱土地價值比率及建物價值比率，應參酌當地市場調查資料，運用估價方法計算之。

第 100 條　前條勘估標的屬區分所有建物時，以其房地價格推估該區分所有建物基地單價時，得以下列方式估計之：

　　　　　一、該區分所有建物基地權利價格＝該區分所有建物房地價格－該區分所有建物之建物成本價格。

二、該區分所有建物之基地權利單價＝該區分所有建物基地權利價格
／該區分所有建物之基地持分面積。

三、基地單價＝該區分所有建物之基地權利單價×平均地價分配率／
該區分所有建物之地價分配率。

前項第三款該區分所有建物之地價分配率公式如下：

該區分所有建物之地價分配率＝該區分所有建物之樓層別效用比－平
均樓層別效用比×全棟建物成本價格占全棟房地總價格比率。

第 101 條　勘估標的之土地價值比率及建物價值比率已知者，前條以房地價格推
估該區分所有建物基地單價，亦得以下列方式估計之：

一、該區分所有建物基地權利價格＝該區分所有建物房地價格×土地
價值比率。

二、該區分所有建物之基地權利單價＝該區分所有建物基地權利價格
／該區分所有建物之基地持分面積。

三、該區分所有建物之基地單價＝該區分所有建物之基地權利單價×
平均樓層別效用比／該區分所有建物之樓層別效用比。

前項所稱土地價值比率及建物價值比率，應參酌當地市場調查資料，
運用估價方法計算之。

第 101 條-1　勘估標的之土地價值比率及建物價值比率已知者，以勘估標的之房地
價格推估其建物價格時，得以房地價格乘以建物價值比率計算之。

第 102 條　實際建築使用之容積率超過法定容積率之房地估價，應以實際建築使
用合法部分之現況估價，並敘明法定容積對估值之影響。

第 103 條　附有違章建築之房地估價，其違建部分不予以評估。但委託人要求評
估其價值，並就合法建物及違建部分於估價報告書中分別標示各該部
分之價格者，不在此限。

第 104 條　未達最有效使用狀態之房地估價，應先求取其最有效使用狀態之正常
價格，再視其低度使用情況進行調整。

第 105 條　建物原核定用途與現行土地使用管制不符之合法建物，應以現行土地
使用分區管制允許之建物用途估價，並就其與建物法定用途估價之差
額於估價報告書中敘明。

第 106 條　建物已不具備使用價值，得將其基地視為素地估價。但應考量建物拆除成本予以調整之。

第四節　土地改良物估價

土地改良物估價方法

一、建物估價

建物估價，以成本法估價為原則。

辦理建物估價時，其附屬設施得一併估計之。

二、農作改良物估價

農作改良物之估價，指附著於土地之果樹、茶樹、竹類、觀賞花木、造林木及其他各種農作物之估價。

農作改良物之估價方式如下：

1. 以成本法為概念

農作改良物幼小且距孳息成熟期尚長者，依其種植及培育費用，並視作物生長情況估計之。

2. 以收益法為概念

農作改良物接近孳息成熟期者，應估計其收穫量及市場價格，必要時得扣減價格日期至作物孳息成熟期間收成所應投入之費用。

3. 以折現現金流量分析為概念

農作改良物距成熟期一年以上，且有期待收穫價值者，得以產地價格為基礎，推估未來收穫價格後，折算為價格日期之價格。但應扣除價格日期至作物孳息成熟期間收成所應投入之費用。

三、土地之工事及水利土壤之改良估價

以成本法估價為原則。但得斟酌比較法及收益法估價之結果，決定其估價額技術規則規定：

第 107 條　土地改良物之分類，依土地法第五條規定。

第 108 條　建物估價，以成本法估價為原則。
　　　　　辦理建物估價時，其附屬設施得一併估計之。

第 109 條　本規則所稱農作改良物之估價，指附著於土地之果樹、茶樹、竹類、觀賞花木、造林木及其他各種農作物之估價。

第 110 條　農作改良物之估價，應依其類別，考量其生產環境、農業災害、生產技術、生產期間、樹齡大小、生長情形、結果習性、管理狀況及農業設施等因素估計之。

第 111 條　農作改良物之估價方式如下：
　　　　　一、農作改良物幼小且距孳息成熟期尚長者，依其種植及培育費用，並視作物生長情況估計之。
　　　　　二、農作改良物接近孳息成熟期者，應估計其收穫量及市場價格，必要時得扣減價格日期至作物孳息成熟期間收成所應投入之費用。
　　　　　三、農作改良物距成熟期一年以上，且有期待收穫價值者，得以產地價格為基礎，推估未來收穫價格後，折算為價格日期之價格。但應扣除價格日期至作物孳息成熟期間收成所應投入之費用。

第 112 條　附著於土地之工事及水利土壤之改良，以成本法估價為原則。但得斟酌比較法及收益法估價之結果，決定其估價額。

第 113 條　　受有土壤及地下水汙染之建物，應先估算其未受汙染之正常價格，再
　　　　　　依據委託人提供之土壤汙染檢測資料，考量該土壤及地下水汙染之影
　　　　　　響，並計算其減損額後，從正常價格中扣除之，以其餘額為該建物之
　　　　　　價格。

第五節　權利估價

　　地上權、典權、永佃權、農育權、不動產役權、耕作權、抵押權、租賃權、
市地重劃、容積移轉及都市更新權利變換之估價。

權利估價方法

一、租賃權估價

（一）比較法

　　以比較法之調整方法，在同一供需圈內選用適當之比較標的租賃權價格，經
情況調整、價格日期調整、區域因素調整、個別因素調整後求得勘估標的之租賃
權價格。

　　公式如下：

$$C_{勘估標的} = C_{比較標的} \times \frac{(情況調整)}{100} \times \frac{(價格日期調整)}{100} \times \frac{(區域因素調整)}{100} \times \frac{(個別因素調整)}{100}$$

　　其中：

　　　　$C_{勘估標的}$：勘估標的之租賃權價格。

　　　　$C_{比較標的}$：比較標的之租賃權價格。

（二）價格比率法

由「權利集束說」知不動產之所有權可視為是多種不動產之單一權利「集束」而成，所以，不動產權利應為所有權之一部分，當然其價格就為所有權價格的一定「比率」了。

公式如下：

$$租賃權價格 = 勘估標的價格 \times \frac{租賃權價格}{所有權價格}$$

（三）差額租金還原法

所謂差額租金還原法，是指若市場租金與契約租金有「差額」存在時，則表示契約租金並沒有全面反應該不動產之經濟價值，而將此「差額租金」以複利年金現價率的公式「還原」成「租賃權價格」即為差額租金還原法。

公式如下：

$$租賃權價格 = （市場租金 - 原契約租金） \times \frac{\left[(1+r)^n - 1\right]}{r(1+r)^n}$$

其中

　　r：收益資本化率。

　　n：租賃權殘餘期間。

二、普通地上權或區分地上權估價

（一）比較法

以比較法之調整方法，在同一供需圈內選用適當之比較標的地上權價格，經情況調整、價格日期調整、區域因素調整、個別因素調整後求得勘估標的之地上權價格。

公式如下：

$$D_{勘估標的} = D_{比較標的} \times \frac{(情況調整)}{100} \times \frac{(價格日期調整)}{100} \times$$

$$\frac{(區域因素調整)}{100} \times \frac{(個別因素調整)}{100}$$

其中：

$D_{勘估標的}$：勘估標的之普通地上權或區分地上權價格。

$D_{比較標的}$：比較標的之普通地上權或區分地上權

（二）價格比率法

由「權利集束說」知不動產之所有權可視為是多種不動產之單一權利「集束」而成，所以，不動產權利應為所有權之一部分，當然其價格就為所有權價格的一定「比率」了。

公式如下：

$$普通地上權或區分地上權價格 = 勘估標的價格 \times \frac{普通地上權或區分地上權價格}{所有權價格}$$

（三）差額租金還原法

所謂差額租金還原法，是指若土地普通地上權或區分地上權之市場價值與契約地上權支付租金有「差額」存在時，則表示契約租金並沒有全面反應該不動產之經濟價值，而將此「差額租金」以複利年金現價率的公式「還原」成「普通地上權或區分地上權價格」即為差額租金還原法。

公式如下：

$$普通地上權或區分地上權 = （年市場價值 - 普通地上權或區分地上權年契約租金）\times \frac{\left[(1+r)^n - 1\right]}{r(1+r)^n}$$

其中：

r：收益年資本化率。

n：普通地上權或區分地上權殘餘年期間。

（四）立體利用阻礙率計算法

所謂立體利用阻礙率計算法，係根據設定之他項權利對土地之立體利用造成阻礙程度來估計其權利價值的方法，通常用來估計區分地上權使用。

由於土地之立體利用的價值應可分為地面上建築利用價值(V_{11})與地下室之建築利用價值(V_{12})，地上建築物上空的利用價值(V_{21})與地下室以下空間之利用價值(V_{22})四部分，所以若因他項權利（如區分地上權）致土地所有權的權利有所減損，則其減損的價值即為該他項權利之價值。

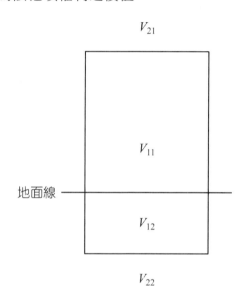

設有一塊土地，正常情況下可興建地下一層，地上五層之建築物。今因捷運公司欲從其土地下方通過地下鐵道，使該建築地上建築物只能蓋四層，且無法興建地下室，故須設定區分地上權，問捷運公司合理應付出多少金額補償？（設已知該建地單價為 20,000 元 /M²，建地面積為 200M²，V_{11}=80%，V_{12}=10%，V_{21}=5%，V_{22}=5%，且興建五層樓之正常樓層別效用比為，1F:100%，2F:80%，3F:75%，4F:70%，5F:75%）

解▶

1. 地面上建築利用價值(V_{11})之阻礙率$= 80\% \times \dfrac{75}{100+80+75+70+75} = 0.15$

2. 地下室之建築利用價值(V_{12})之阻礙率$= 10\% \times 100\% = 0.1$

3. 地上建築物上空的利用價值(V_{21})之阻礙率$= 5\% \times 0\% = 0$

4. 地下室以下空間之利用價值(V_{22})之阻礙率$= 5\% \times 100\% = 0.05$

5. 全體阻礙率$= 0.15 + 0.1 + 0.05 = 0.3$

6. 該建地減損單價$= 20,000 \times 0.3 = 6,000$ 元$/M^2$

7. 該建地之減損（補償）總價$= 6,000 \times 200 = 1,200,000$ 元

三、不動產役權估價

（一）比較法

以比較法之調整方法，在同一供需圈內選用適當之比較標的地役權價格，經情況調整、價格日期調整、區域因素調整、個別因素調整後求得勘估標的之地役權價格。

公式如下：

$$E_{勘估標的} = E_{比較標的} \times \frac{(情況調整)}{100} \times \frac{(價格日期調整)}{100} \times$$
$$\frac{(區域因素調整)}{100} \times \frac{(個別因素調整)}{100}$$

其中：

$E_{勘估標的}$：勘估標的之不動產役權價格。

$E_{比較標的}$：比較標的之不動產役權價格。

（二）收益還原法

不動產役權之收益還原法也就是設定不動產役權之後，需役地增加之「收益」，以及供役地減少之「收益」，分別以複利年金現價率的公式「還原」成地役權之供需價格。而實務上之不動產役權價格會介於供需價格之間，方會成立。

公式如下：

不動產役權價格＝

需役地增加之年收益（或供役地減少之年收益）$\times \dfrac{\left[(1+r)^n-1\right]}{r(1+r)^n}$

其中

r：收益年資本化率。

n：不動產役權殘餘年期。

（三）價格比率法

由「權利集束說」知不動產之所有權可視為是多種不動產之單一權利「集束」而成，所以，不動產權利應為所有權之一部分，當然其價格就為所有權價格的一定「比率」了。

公式如下：

不動產役權價格＝ 勘估標的價格$\times\dfrac{\text{不動產役權價格}}{\text{所有權價格}}$

技術規則規定

第 114 條　權利估價，包括地上權、典權、永佃權、農育權、不動產役權、耕作權、抵押權、租賃權、市地重劃、容積移轉及都市更新權利變換之估價。

第 115 條　權利估價，應考慮契約內容、權利存續期間、權利登記狀況、相關法令規定、民間習俗及正常市場權利狀態等影響權利價值之因素估計之。

第 116 條　地上權估價，應考慮其用途、權利存續期間、支付地租之有無、權利讓與之限制及地上權設定之空間位置等因素估計之。

第 117 條　典權估價，應考慮權利存續期間、權利讓與之限制等因素，以典價為基礎估計之。

第 118 條　永佃權估價，應考慮佃租支付情形、民間習俗等因素估計之。

第 118 條-1　農育權估價，應考慮設定目的、約定方法、權利存續期間、支付地租之有無及高低、權利讓與之限制、民間習俗、得為增加土地生產力或使用便利之特別改良等因素估計之。

第 119 條　　不動產役權估價，應考慮需役不動產與供役不動產之使用情況、權利存續期間、不動產役權使用性質、民間習俗等因素估計之。

第 120 條　　耕作權估價，應考慮耕作期間、權利登記狀況、相關法令規定等因素估計之。

第 121 條　　抵押權估價，應估計價格日期當時勘估標的正常價格，以實際債權額為基礎，考慮其他順位抵押權設定狀況、流通性、風險性、增值性及執行上之難易程度等因素調整估計之。

第 122 條　　租賃權估價，應考慮契約內容、用途、租期、租金支付方式、使用目的及使用情形等因素估計之。

第 122 條-1　市地重劃估價，其重劃前、後地價評估項目應依平均地權條例及其施行細則、市地重劃實施辦法及獎勵土地所有權人辦理市地重劃辦法等相關法令規定辦理。

第 123 條　　容積移轉估價，應考慮容積送出基地、接受基地及其他影響不動產價格及相關法令等因素估計之。

第 124 條　　都市更新權利變換估價，其評估項目應依都市更新條例及都市更新權利變換實施辦法等相關法令規定辦理。

第 125 條　　權利變換前為區分所有建物者，應以全棟建物之基地價值比率，分算各區分所有建物房地總價之基地權利價值，公式如下：

各區分所有建物之基地權利價值＝
各區分所有建物房地總價×基地價值比率

前項基地價值比率之計算公式如下：

基地價值比率＝

$$\frac{(素地單價×基地總面積)}{\{素地單價×基地總面積+[營造或施工費單價×(1-累積折舊率)×全棟建物面積]\}}$$

區分所有建物情況特殊致依第一項計算之基地權利價值顯失公平者，得依第 126 條-2 計算之基地權利價值予以調整。

第 126 條　權利變換前區分所有建物之基地總價值低於區分所有建物坐落基地之素地總價值者，各區分所有建物之基地權利價值，計算方式如下：

一、依前條規定計算基地價值比率。

二、各區分所有建物基地權利價值＝各區分所有建物房地總價×基地價值比率。

三、各區分所有建物基地權利價值比率＝各區分所有建物基地權利價值／Σ（各區分所有建物基地權利價值）。

四、各區分所有建物調整後基地權利價值＝區分所有建物坐落基地之素地總價值×各區分所有建物基地權利價值比率。

第 126 條-1　權利變換前為非屬區分所有之建物者，應以該建物之房地總價乘以基地價值比率計算基地權利價值。但基地權利價值低於素地價值者，以素地價值為準。

第 126 條-2　權利變換前地上有區分所有建物之基地所有權人未持有該區分所有建物產權者，其土地權利價值計算方式如下：

一、該基地所有權人持有之土地持分可確認其對應之區分所有建物者，依第 125 條或第 126 條計算其對應區分所有建物之基地權利價值，再扣除該合法區分所有建物權利價值。

二、該基地所有權人持有之土地持分無法確認其對應之區分所有建物者，依下列方式計算：

（一）依第 125 條或第 126 條計算同一建築基地平均單價。

（二）前目平均單價乘以無持分建物權屬之基地持分面積。

（三）計算地上建物全棟之權利價值。

（四）前目乘以無持分建物權屬之基地持分比例。

（五）第二目扣除前目之餘額。

前項無持分建物權屬之基地所有權人與其地上建物所有權人自行協議者，依其協議辦理。

第 127 條　權利變換前之基地未建築使用者，以素地價值推估其土地權利價值。

第 128 條　權利變換後區分所有建物及其土地應有部分，應考量都市更新權利變換計畫之建築計畫、建材標準、設備等級、工程造價水準及更新前後樓層別效用比關聯性等因素，以都市更新評價基準日當時之新成屋價格查估之。

第六節　大量估價

大量估價一般應用在政府規定地價時所用，與不動產估價技術規則裡面所說的方法論而言顯得較不精密，但由於國家有規定公告地價、公告現值等之需求，故得以適當地估價方法以因應。

一、路線價法

對面臨特定街道而接近性相等之繁榮市街土地，設定一定的標準深度，求取該深度幾宗土地之平均市價的單價將其附設於其面臨的道路路線上，此單價及為路線價。然後配合深度指數表，以土地的種種個別因素（如角地、前後臨路、寬度狹小、深寬比過大、崖地等）加以補正，求算出鄰接同一街道之其他宗地地價，此種估價方法及稱為路線價估價法。

公式如下：

$$P = u \times dv \times f \times l$$

其中：

　　P：地價。

　　u：路線價。

　　dv：深度百分率。

　　f：臨街寬度（面寬）。

　　l：鄰街深度。

 **舉例說明**

> 某道路路線價為 1,000 元，若甲地面臨此街道之寬度為 5 公尺，深度為 18 公尺（標準深度），則甲地之價值為何？又若該宗地臨地乙地之深度為 15 公尺（深度補正百分率為 110%），則乙地之價值為何？

解

$$P = u \times dv \times f \times l$$

其中：

P：地價。

u：路線價。

dv：深度百分率。

f：臨街寬度（面寬）。

l：鄰街深度。

甲地價格：

$$P_甲 = 1,000 \times 100\% \times 5 \times 18 = 90,000元$$

乙地價格：

$$P_乙 = 1,000 \times 110\% \times 5 \times 15 = 82,500元$$

二、區段價法

　　將地段相連、使用性質相同、地價相近之地段劃分為同一地價區段，調查該地段內之買賣實例或收益實例價格，而以其中位數或眾數作為該區段之單位面積地價，以此單位面積地價乘以區段內之各宗宗地面積，即可得各宗地地價，即為區段價法。

　　區段價法為目前我國用以規定公告地價及公告現值的方法，精度甚差，幾乎不考慮每筆宗地的個別因素，所以，大多用於非都市土地方為適當，若是繁榮地區或是都市計畫區應至少以路線價法估計為妥。

三、基準地比較法

　　基準地，係指經地政機關選定，並估計其價格日期之正常價格，由地政機關定期公布之土地。基準地比較法，即以基準地為比較標的，將勘估標的與基準地以比較法加以比較其個別因素之優劣，評定其地價稱之。

　　基準地之選定，應符合下列原則：

1. 代表性：以面積適中，具近價區段一般土地代表性為準。

2. 顯著性：以容易識別為準。

3. 恆久性：以不易變更形質為準。

4. 均勻性：以各地能均勻分布為準。

5. 完整性：以形狀方整為準。

　　基準地比較法是以建立歷時地價資料庫為出發點，由於基準地可濾掉比較法中之情況調整及區域因素調整，大都只要對勘估標的與比較標的作價格日期及個別因素調整，實是一個相當好的政策及方法。

　　因此，若資料庫分布均勻及普及，則就如測量業所用之測量基準點，可讓金融業、地政業等適當取用當成比較標的，就可減少不當的人為選取異常比較標的之偏誤。

　　可惜，目前我國財政不佳，這個不錯的政策無落實執行，現狀僅為少量試辦，且成果亦無公開，實為可惜。

附　錄

附錄 A　不動產估價技術規則（2013.12.20 修訂版）

附錄 B　不動產估價師法

附錄 C　不動產佔價師法施行細則

附錄 D　敘述式不動產估價報告書範本

附錄 E　都市更新權利變換不動產估價報告書範本及

審查注意事項

附錄 A　不動產估價技術規則（2013.12.20 修訂版）

法規名稱：不動產估價技術規則

修正時間：中華民國 102 年 12 月 20 日

第一章　總則

第 1 條　本規則依不動產估價師法第十九條第一項規定訂定之。

第 2 條　本規則用詞定義如下：

一、正常價格：指具有市場性之不動產，於有意願之買賣雙方，依專業知識、謹慎行動，不受任何脅迫，經適當市場行銷及正常交易條件形成之合理價值，並以貨幣金額表示者。

二、限定價格：指具有市場性之不動產，在下列限定條件之一所形成之價值，並以貨幣金額表示者：

（一）以不動產所有權以外其他權利與所有權合併為目的。

（二）以不動產合併為目的。

（三）以違反經濟合理性之不動產分割為前提。

三、特定價格：指具有市場性之不動產，基於特定條件下形成之價值，並以貨幣金額表示者。

四、特殊價格：指對不具市場性之不動產所估計之價值，並以貨幣金額表示者。

五、正常租金：指具有市場性之不動產，於有意願之租賃雙方，依專業知識、謹慎行動，不受任何脅迫，經適當市場行銷及正常租賃條件形成之合理租賃價值，並以貨幣金額表示者。

六、限定租金：指基於續訂租約或不動產合併為目的形成之租賃價值，並以貨幣金額表示者。

七、價格日期：指表示不動產價格之基準日期。

八、勘察日期：指赴勘估標的現場從事調查分析之日期。

九、勘估標的：指不動產估價師接受委託所估價之土地、建築改良物（以下簡稱建物）、農作改良物及其權利。

十、 比較標的：指可供與勘估標的間，按情況、價格日期、區域因素
及個別因素之差異進行比較之標的。

十一、 同一供需圈：指比較標的與勘估標的間能成立替代關係，且其
價格互為影響之最適範圍。

十二、 近鄰地區：指勘估標的或比較標的周圍，供相同或類似用途之
不動產，形成同質性較高之地區。

十三、 類似地區：指同一供需圈內，近鄰地區以外而與勘估標的使用
性質相近之其他地區。

十四、 一般因素：指對於不動產市場及其價格水準發生全面影響之自
然、政治、社會、經濟等共同因素。

十五、 區域因素：指影響近鄰地區不動產價格水準之因素。

十六、 個別因素：指不動產因受本身條件之影響，而產生價格差異之
因素。

十七、 最有效使用：指客觀上具有良好意識及通常之使用能力者，在
合法、實質可能、正當合理、財務可行前提下，所作得以獲致
最高利益之使用。

第 3 條　　　不動產估價師應經常蒐集與不動產價格有關之房地供需、環境變遷、
人口、居民習性、公共與公用設施、交通運輸、所得水準、產業結
構、金融市場、不動產經營利潤、土地規劃、管制與使用現況、災
變、未來發展趨勢及其他必要資料，作為掌握不動產價格水準之基
礎。

第 4 條　　　不動產估價師應經常蒐集比較標的相關交易、收益及成本等案例及資
料，並詳予求證其可靠性。前項資料得向當事人、四鄰、其他不動產
估價師、不動產經紀人員、地政士、地政機關、金融機構、公有土地
管理機關、司法機關、媒體或有關單位蒐集之。

第 5 條　　　不動產估價師應力求客觀公正，運用邏輯方法及經驗法則，進行調
查、勘察、整理、比較、分析及調整等估價工作。

第 6 條　　　不動產估價，應切合價格日期當時之價值。其估計價格種類包括正常
價格、限定價格、特定價格及特殊價格；估計租金種類包括正常租金
及限定租金。不動產估價，應註明其價格種類；其以特定價格估價
者，應敘明其估價條件，並同時估計其正常價格。

第 7 條　依本規則辦理估價所稱之面積，已辦理登記者，以登記之面積為準；其未辦理登記或以部分面積為估價者，應調查註明之。

第二章　估價作業程序

第 8 條　不動產估價作業程序如下：
一、確定估價基本事項。
二、擬定估價計畫。
三、蒐集資料。
四、確認勘估標的狀態。
五、整理、比較、分析資料。
六、運用估價方法推算勘估標的價格。
七、決定勘估標的價格。
八、製作估價報告書。

第 9 條　確定估價基本事項如下：
一、勘估標的內容。
二、價格日期。
三、價格種類及條件。
四、估價目的。

第 10 條　擬定估價計畫包括下列事項：
一、確定作業步驟。
二、預估所需時間。
三、預估所需人力。
四、預估作業經費。
五、擬定作業進度表。

第 11 條　不動產估價應蒐集之資料如下：
一、勘估標的之標示、權利、法定用途及使用管制等基本資料。
二、影響勘估標的價格之一般因素、區域因素及個別因素。
三、勘估標的相關交易、收益及成本資料。

第 12 條　不動產估價師應依下列原則蒐集比較實例：
一、實例之價格屬正常價格、可調整為正常價格或與勘估標的價格種類相同者。

二、與勘估標的位於同一供需圈之近鄰地區或類似地區者。

三、與勘估標的使用性質或使用管制相同或相近者。

四、實例價格形成日期與勘估標的之價格日期接近者。

第 13 條　確認勘估標的狀態時，應至現場勘察下列事項：

一、確認勘估標的之基本資料及權利狀態。

二、調查勘估標的及比較標的之使用現況。

三、確認影響價格之各項資料。

四、作成紀錄及攝製必要之照片或影像檔。

委託人未領勘，無法確認勘估標的範圍或無法進入室內勘察時，應於估價報告書敘明。

第 14 條　不動產估價師應兼採二種以上估價方法推算勘估標的價格。但因情況特殊不能採取二種以上方法估價並於估價報告書中敘明者，不在此限。

第 15 條　不動產估價師應就不同估價方法估價所獲得之價格進行綜合比較，就其中金額顯著差異者重新檢討。並視不同價格所蒐集資料可信度及估價種類目的條件差異，考量價格形成因素之相近程度，決定勘估標的價格，並將決定理由詳予敘明。以契約約定租金作為不動產證券化受益證券信託利益分配基礎者，折現現金流量分析法之收益價格應視前項情形賦予相對較大之權重。但不動產證券化標的進行清算時，不在此限。

第 16 條　不動產估價師應製作估價報告書，於簽名或蓋章後，交付委託人。估價報告書應載明事項如下：

一、委託人。

二、勘估標的之基本資料。

三、價格日期及勘察日期。

四、價格種類。

五、估價條件。

六、估價目的。

七、估價金額。

八、勘估標的之所有權、他項權利及其他負擔。

九、勘估標的使用現況。

十、勘估標的法定使用管制或其他管制事項。

十一、價格形成之主要因素分析。

十二、估價所運用之方法與其估算過程及價格決定之理由。

十三、依本規則規定須敘明之情況。

十四、其他與估價相關之必要事項。

十五、不動產估價師姓名及其證照字號。

前項估價報告書應檢附必要之圖說資料。

因行政執行或強制執行委託估價案件，其報告書格式及應附必要之圖說資料，依其相關規定辦理，不受前二項之限制。

第 17 條　估價報告書之事實描述應真實確切，其用語應明確肯定，有難以確定之事項者，應在估價報告書中說明其可能影響勘估標的權利或價值之情形。

第三章　估價方法

第一節　比較法

第 18 條　比較法指以比較標的價格為基礎，經比較、分析及調整等，以推算勘估標的價格之方法。依前項方法所求得之價格為比較價格。

第 19 條　本節名詞定義如下：

一、情況調整：比較標的之價格形成條件中有非屬於一般正常情形而影響價格時，或有其他足以改變比較標的價格之情況存在時，就該影響部分所作之調整。

二、價格日期調整：比較標的之交易日期與勘估標的之價格日期因時間之差異，致價格水準發生變動，應以適當之變動率或變動金額，將比較標的價格調整為勘估標的價格日期之價格。

三、區域因素調整：所選用之比較標的與勘估標的不在同一近鄰地區內時，為將比較標的之價格轉化為與勘估標的同一近鄰地區內之價格水準，而以比較標的之區域價格水準為基礎，就區域因素不同所產生之價格差異，逐項進行之分析及調整。

四、個別因素調整：以比較標的之價格為基礎，就比較標的與勘估標的因個別因素不同所產生之價格差異，逐項進行之分析及調整。

五、百分率法：將影響勘估標的及比較標的價格差異之區域因素及個別因素逐項比較，並依優劣程度或高低等級所評定之差異百分率進行價格調整之方法。

六、差額法：指將影響勘估標的及比較標的價格差異之區域因素及個別因素逐項比較，並依優劣程度或高低等級所評定之差額進行價格調整之方法。

七、計量模型分析法：蒐集相當數量具代表性之比較標的，透過計量模型分析，求出各主要影響價格因素與比較標的價格二者之關係式，以推算各主要影響價格因素之調整率及調整額之方法。

第 20 條　應用前條計量模型分析法應符合下列條件：

一、須蒐集應用計量模型分析關係式自變數個數五倍以上之比較標的。

二、計量模型分析採迴歸分析者，其調整後判定係數不得低於零點七。

三、截距項以外其他各主要影響價格因素之係數估計值同時為零之顯著機率不得大於百分之五。

第 21 條　比較法估價之程序如下：

一、蒐集並查證比較標的相關資料。

二、選擇與勘估標的條件相同或相似之比較標的。

三、對比較標的價格進行情況調整及價格日期調整。

四、比較、分析勘估標的及比較標的間之區域因素及個別因素之差異，並求取其調整率或調整額。

五、計算勘估標的之試算價格。

六、決定勘估標的之比較價格。

前項第五款所稱之試算價格，指以比較標的價格經情況調整、價格日期調整、區域因素調整及個別因素調整後所獲得之價格。

第 22 條　所蒐集之比較標的，應就下列事項詳予查證確認：

一、交易價格及各項費用之負擔方式。

二、交易條件；有特殊付款方式者，其方式。

三、比較標的狀況。

四、交易日期。

前項查證確有困難之事項，應於估價報告書中敘明。

第 23 條　比較標的有下列情況，應先作適當之調整；該影響交易價格之情況無法有效掌握及量化調整時，應不予採用：

一、急買急賣或急出租急承租。

二、期待因素影響之交易。

三、受債權債務關係影響之交易。

四、親友關係人間之交易。

五、畸零地或有合併使用之交易。

六、地上物處理有糾紛之交易。

七、拍賣。

八、公有土地標售、讓售。

九、受迷信影響之交易。

十、包含公共設施用地之交易。

十一、人為哄抬之交易。

十二、與法定用途不符之交易。

十三、其他特殊交易。

第 24 條　比較、分析勘估標的與比較標的之區域因素及個別因素差異並就其中差異進行價格調整時，其調整以百分率法為原則，亦得以差額法調整，並應於估價報告書中敘明。

第 25 條　試算價格之調整運算過程中，區域因素調整、個別因素調整或區域因素及個別因素內之任一單獨項目之價格調整率大於百分之十五，或情況、價格日期、區域因素及個別因素調整總調整率大於百分之三十時，判定該比較標的與勘估標的差異過大，應排除該比較標的之適用。但勘估標的性質特殊或區位特殊缺乏市場交易資料，並於估價報告書中敘明者，不在此限。

第 26 條　經比較調整後求得之勘估標的試算價格，應就價格偏高或偏低者重新檢討，經檢討確認適當合理者，始得作為決定比較價格之基礎。檢討後試算價格之間差距仍達百分之二十以上者，應排除該試算價格之適用。前項所稱百分之二十以上之差距，指高低價格之差除以高低價格平均值達百分之二十以上者。

第 27 條　　不動產估價師應採用三件以上比較標的，就其經前條推估檢討後之勘估標的試算價格，考量各比較標的之蒐集資料可信度、各比較標的與勘估標的之價格形成因素之相近程度，決定勘估標的之比較價格，並將比較修正內容敘明之。

第二節　收益法

第 28 條　　收益法得採直接資本化法、折現現金流量分析法等方法。

　　　　　依前項方法所求得之價格為收益價格。

第 29 條　　直接資本化法，指勘估標的未來平均一年期間之客觀淨收益，應用價格日期當時適當之收益資本化率推算勘估標的價格之方法。

第 30 條　　直接資本化法之計算公式如下：

　　　　　收益價格＝勘估標的未來平均一年期間之客觀淨收益÷收益資本化率

第 31 條　　折現現金流量分析法，指勘估標的未來折現現金流量分析期間之各期淨收益及期末價值，以適當折現率折現後加總推算勘估標的價格之方法。

　　　　　前項折現現金流量分析法，得適用於以投資為目的之不動產投資評估。

第 32 條　　折現現金流量分析法之計算公式如下：

$$P = \sum_{k=1}^{n'} CF_k / (1+Y)^k + P_{n'} / (1+Y)^{n'}$$

　　　　　其中：

　　　　　　　P：收益價格。

　　　　　　　CF_k：各期淨收益。

　　　　　　　Y：折現率。

　　　　　　　n'：折現現金流量分析期間。

　　　　　　　k：各年期。

　　　　　　　$P_{n'}$：期末價值。

第 33 條　　客觀淨收益應以勘估標的作最有效使用之客觀淨收益為基準，並參酌鄰近類似不動產在最有效使用情況下之收益推算之。

以不動產證券化為估價目的，採折現現金流量分析法估價時，各期淨收益應以勘估標的之契約租金計算為原則。但因情況特殊不宜採契約租金估價，並於估價報告書中敘明者，不在此限。

前項契約租金未知者，應以市場經濟租金推估客觀淨收益。

第 34 條　　收益法估價之程序如下：
一、蒐集總收入、總費用及收益資本化率或折現率等資料。
二、推算有效總收入。
三、推算總費用。
四、計算淨收益。
五、決定收益資本化率或折現率。
六、計算收益價格。

第 35 條　　收益法估價應蒐集勘估標的及與其特性相同或相似之比較標的最近三年間總收入、總費用及收益資本化率或折現率等資料。

前項蒐集最近三年間之資料有困難時，應於估價報告書中敘明。

蒐集第一項資料時，應就其合理性進行綜合研判，以確定資料之可用性，並得依其持續性、穩定性及成長情形加以調整。

前條蒐集總收入資料，得就其不動產之租金估計之，以確認總收入資料之合理性。

第 36 條　　勘估標的之有效總收入計算方式如下：
一、 分析並推算勘估標的之總收入。1
二、 推算閒置及其他原因所造成之收入損失。
三、 第一款總收入扣除前款收入損失後之餘額為勘估標的之有效總收入。

前項第一款所稱總收入，指價格日期當時勘估標的按法定用途出租或營運，在正常情況下所獲得之租金或收入之數額。

第 37 條　　推算總收入及有效總收入時，應與下列相關資料校核比較：
一、勘估標的往年之總收入及有效總收入。
二、相同產業或具替代性比較標的總收入及有效總收入。
三、目前或未來可能之計畫收入。

第 38 條　勘估標的總費用之推算，應根據相同或相似不動產所支出之費用資料或會計報表所載資料加以推算，其項目包括地價稅或地租、房屋稅、保險費、管理費及維修費等。其為營運性不動產者，並應加計營運費用。

　　　　以不動產證券化為估價目的者，其折現現金流量分析法之總費用應依信託計畫資料加以推算。

第 39 條　勘估標的總費用之推算，應推估不動產構成項目中，於耐用年數內需重置部分之重置提撥費，並按該支出之有效使用年期及耗損比率分年攤提。

第 40 條　勘估標的總費用之推算，除推算勘估標的之各項費用外，勘估標的包含建物者，應加計建物之折舊提存費，或於計算收益價格時，除考量建物收益資本化率或折現率外，應加計建物價格日期當時價值未來每年折舊提存率。

第 40 條-1　建物折舊提存費，得依下列方式計算：

一、等速折舊型：$C \times (1-s) \times \dfrac{1}{N}$

二、償債基金型：$C \times (1-s) \times \dfrac{i}{(1+i)^N - 1}$

其中：

　　C：建物總成本。

　　s：殘餘價格率。

　　i：自有資金之計息利率。

　　N：建物經濟耐用年數。

前項建物總成本、殘餘價格率、自有資金之計息利率及建物經濟耐用年數依成本法相關規定估計之。

第 41 條　建物價格日期當時價值未來每年折舊提存率，得依下列方式計算：

一、等速折舊型：$d = \dfrac{(1-s)/N}{1-(1-s)n/N}$

二、償債基金型：$d = \dfrac{i}{(1+i)^{n'} - 1}$

其中：

  d：建物價格日期當時價值未來每年折舊提存率。

  $(1-s)\dfrac{1}{N}$：折舊率。

  n：已經歷年數。

  n'：剩餘可收益之年數。

  i：自有資金之計息利率。

前項折舊率，依成本法相關規定估計之。

第 42 條 有效總收入減總費用即為淨收益。

  前項淨收益為營運性不動產之淨收益者，應扣除不屬於不動產所產生之其他淨收益。

第 43 條 收益資本化率或折現率應於下列各款方法中，綜合評估最適宜之方法決定：

  一、風險溢酬法：收益資本化率或折現率應考慮銀行定期存款利率、政府公債利率、不動產投資之風險性、貨幣變動狀況及不動產價格之變動趨勢等因素，選擇最具一般性財貨之投資報酬率為基準，比較觀察該投資財貨與勘估標的個別特性之差異，並就流通性、風險性、增值性及管理上之難易程度等因素加以比較決定之。

  二、市場萃取法：選擇數個與勘估標的相同或相似之比較標的，以其淨收益除以價格後，以所得之商數加以比較決定之。

  三、加權平均資金成本法：依加權平均資金成本方式決定，其計算式如下：

$$收益資本化率或折現率 = \sum_{i=1}^{n} w_i k_i$$

  其中：

   w_i：第 i 個資金來源占總資金成本比例，$\sum_{i=1}^{n} w_i = 1$。

   k_i：為第 i 個資金來源之利率或要求報酬率。

  四、債務保障比率法：依債務保障比率方式決定，其計算式如下：
收益資本化率或折現率＝債務保障比率×貸款常數×貸款資金占不動產價格比率

五、 有效總收入乘數法：考量市場上類似不動產每年淨收益占每年有
效總收入之合理淨收益率，及類似不動產合理價格除以每年有效
總收入之有效總收入乘數，以下列公式計算之：

收益資本化率或折現率＝淨收益率／有效總收入乘數

收益資本化率或折現率之決定有採取其他方法計算之必要時，應於估
價報告書中敘明。

第 44 條　土地收益價格依下列計算式求取之：

一、 地上無建物者：

土地收益價格＝土地淨收益／土地收益資本化率

二、 地上有建物者：

土地收益價格＝（房地淨收益－建物淨收益）／土地收益資本化
率

建物淨收益依下列計算式求取之：

一、淨收益已扣除折舊提存費者：

建物淨收益＝建物成本價格×建物收益資本化率

二、淨收益未扣除折舊提存費者：

建物折舊前淨收益＝建物成本價格×（建物收益資本化率＋建物
價格日期當時價值未來每年折舊提存率）

第 45 條　建物收益價格依下列計算式求取之：

一、淨收益已扣除折舊提存費者：

（一）建物收益價格＝建物淨收益／建物收益資本化率

（二）建物收益價格＝（房地淨收益－土地淨收益）／建物收益資本
化率

二、 淨收益未扣除折舊提存費者：

（一）建物收益價格＝建物折舊前淨收益／（建物收益資本化率＋建
物價格日期當時價值未來每年折舊提存率）

（二）建物收益價格＝（房地折舊前淨收益－土地淨收益）／（建物
收益資本化率＋建物價格日期當時價值未來每年折舊提存率）

前項土地淨收益，得先以比較法求取土地比較價格後，再乘以土地收
益資本化率得之。

第 46 條　推算房地收益價格時，依下列方式計算之：

房地收益價格＝房地淨收益/房地綜合收益資本化率

房地綜合收益資本化率除依第四十三條決定外，亦得依下列計算式求取之：

一、淨收益已扣除折舊提存費者：

房地綜合收益資本化率＝土地收益資本化率×土地價值比率＋建物收益資本率×建物價值比率

二、淨收益未扣除折舊提存費者：

房地綜合收益資本化率＝土地收益資本化率×土地價值比率＋（建物收益資本化率＋建物價格日期當時價值未來每年折舊提存率）×建物價值比率

前項土地價值比率及建物價值比率，應參酌當地市場調查資料，運用估價方法計算之。

第 47 條　一定期間之收益價格，依下列計算式求取：

$$P = a \times \frac{1 - \dfrac{1}{(1+r)^{n'}}}{r}$$

其中：

P：收益價格。

a：平均一年期間折舊前淨收益。

r：收益資本化率。

n'：可收益之年數。

收益價格已知者，適用該公式反推平均一年期間折舊前淨收益。

一定期間終止後，有期末價值者，收益價格得加計該期末價值之現值，期末價值並得扣除處分不動產所需之相關費用。

第三節　成本法

第 48 條　成本法，指求取勘估標的於價格日期之重建成本或重置成本，扣減其累積折舊額或其他應扣除部分，以推算勘估標的價格之方法。

依前項方法所求得之價格為成本價格。

建物估價以求取重建成本為原則。但建物使用之材料目前已無生產或施工方法已改變者，得採重置成本替代之。

重建成本，指使用與勘估標的相同或極類似之建材標準、設計、配置及施工品質，於價格日期重新複製建築所需之成本。

重置成本，指與勘估標的相同效用之建物，以現代建材標準、設計及配置，於價格日期建築所需之成本。

第 49 條　成本法估價之程序如下：
一、蒐集資料。
二、現況勘察。
三、調查、整理、比較及分析各項成本及相關費用等資料。
四、選擇適當方法推算營造或施工費。
五、推算其他各項費用及利潤。
六、計算總成本。
七、計算建物累積折舊額。
八、計算成本價格。

第 50 條　成本法估價除依第十一條規定蒐集資料外，另得視需要申請及蒐集下列土地及建物所需資料：
一、土地開發及建築構想計畫書。
二、設計圖說。
三、相關許可或執照。
四、施工計畫書。
五、竣工圖。
六、使用執照。
七、登記（簿）謄本或建物平面位置圖。

第 51 條　成本法估價應蒐集與勘估標的同一供需圈內之下列資料：
一、各項施工材料、人工之價格水準。
二、營造、施工、規劃、設計、廣告、銷售、管理及稅捐等費用資料。
三、資本利率。
四、開發或建築利潤率。

第 52 條　勘估標的之總成本應包括之各項成本及相關費用如下：
一、營造或施工費。
二、規劃設計費。
三、廣告費、銷售費。
四、管理費。
五、稅捐及其他負擔。
六、資本利息。
七、開發或建築利潤。

前項勘估標的為土地或包含土地者，總成本應加計價格日期當時之土地價格。

總成本各項計算過程應核實填寫於成本價格計算表內。

第 53 條　勘估標的之營造或施工費，項目如下：
一、直接材料費。
二、直接人工費。
三、間接材料費。
四、間接人工費。
五、管理費。
六、稅捐。
七、資本利息。
八、營造或施工利潤。

第 54 條　勘估標的之營造或施工費，得按下列方法擇一求取之：
一、直接法：指就勘估標的之構成部分或全體，調查其使用材料之種別、品級、數量及所需勞力種別、時間等，並以勘估標的所在地區於價格日期之各種單價為基礎，計算其營造或施工費。
二、間接法：指就同一供需圈內近鄰地區或類似地區中選擇與勘估標的類似之比較標的或標準建物，經比較與勘估標的營造或施工費之條件差異並作價格調整，以求取勘估標的營造或施工費。

第 55 條　直接法分為下列二種：
一、淨計法：指就勘估標的所需要各種建築材料及人工之數量，逐一乘以價格日期當時該建築材料之單價及人工工資，並加計管理費、稅捐、資本利息及利潤。

二、 單位工程法：係以建築細部工程之各項目單價乘以該工程施工數量，並合計之。

第 56 條 間接法分為下列二種：

一、 工程造價比較法：指按工程概算項目逐項比較勘估標的與比較標的或標準建物之差異，並依工程價格及工程數量比率進行調整，以求取勘估標的營造或施工費。

二、 單位面積（或體積）比較法：指以類似勘估標的之比較標的或標準建物之單位面積（或體積）營造或施工費單價為基礎，經比較並調整價格後，乘以勘估標的之面積（或體積）總數，以求取勘估標的營造或施工費。

前項所稱標準建物，指按營造或施工費標準表所營造或施工之建物。

前項營造或施工費標準表應由不動產估價師公會全國聯合會（以下簡稱全聯會）按不同主體構造種類及地區公告之。未公告前，應依直轄市或縣（市）政府發布地價調查用建築改良物標準單價表為準。

第 57 條 勘估標的為建物時，規劃設計費按內政部所定建築師酬金標準表及直轄市或縣（市）政府發布之建造執照工程造價表計算之，或按實際營造施工費之百分之二至百分之三推估之。

第 58 條 勘估標的之資本利息應依分期投入資本數額及資本使用年數，按自有資金與借貸資金分別計息，其自有資金與借貸資金比例，應依銀行一般放款成數定之。

前項資本利息之計算，應按營造施工費、規劃設計費、廣告費、銷售費、管理費、稅捐及其他負擔之合計額乘以利率計算。

第一項勘估標的為土地或包含土地者，前項合計額應另加計土地價格。

第 59 條 資金中自有資金之計息利率應不高於一年期定存利率且不低於活存利率；借款則以銀行短期放款利率計息；預售收入之資金應不計息。

第 60 條 勘估標的之開發或建築利潤應視工程規模、開發年數與經濟景氣等因素，按營造或施工費、規劃設計費、廣告費、銷售費、管理費、資本利息、稅捐及其他負擔之合計額乘以適當利潤率計算之。

前項利潤率應由全聯會定期公告；未公告前依營造或建築業之平均經營利潤率為準，並得依開發或建物形態之不同，考量經營風險及開發或建築工期之長短酌予調整之。

前項建築工期指自申請建造執照開始至建築完成達到可交屋使用為止無間斷所需之時間。

第一項勘估標的為土地或包含土地者，合計額應另加計土地價格。

第 61 條　廣告費、銷售費、管理費及稅捐，應按總成本乘以相關費率計算，相關費率應由全聯會定期公告之。

第 62 條　廣告費、銷售費、管理費、稅捐及開發或建築利潤，視勘估標的之性質，於成本估價時得不予計入。

第 63 條　未完工之建物應依實際完成部分估價，或以標準建物之營造或施工費標準表為基礎，參考建物工程進度營造費用比例表估算之。

前項建物工程進度營造費用比例表，由全聯會公告之。

第 64 條　因特殊狀況致土地或建物投資無法產生相對正常報酬之成本，於成本估價時得不予計入或於折舊中扣除，並應於估價報告書中敘明。

第 65 條　建物折舊額計算應以經濟耐用年數為主，必要時得以物理耐用年數計算。經濟耐用年數指建物因功能或效益衰退至不值得使用所經歷之年數。物理耐用年數指建物因自然耗損或外力破壞至結構脆弱而不堪使用所經歷之年數。建物之經歷年數大於其經濟耐用年數時，應重新調整經濟耐用年數。

第 66 條　建物經濟耐用年數表由全聯會依建物之經濟功能及使用效益，按不同主體構造種類及地區公告之。

第 67 條　建物之殘餘價格率應由全聯會公告之，並以不超過百分之十為原則。建物耐用年數終止後確實無殘餘價格者，於計算折舊時不予提列。第一項所稱殘餘價格率，指建物於經濟耐用年數屆滿後，其所賸餘之結構材料及內部設備仍能於市場上出售之價格占建物總成本之比率。依第一項殘餘價格率計算建物殘餘價格時，應考量建物耐用年數終止後所需清理或清除成本。

第 68 條　建物累積折舊額之計算，應視建物特性及市場動態，選擇屬於等速折舊、初期加速折舊或初期減速折舊路徑之折舊方法。建物累積折舊額之計算，除考量物理與功能因素外，並得按個別建物之實際構成部分與使用狀態，考量經濟因素，觀察維修及整建情形，推估建物之賸餘經濟耐用年數，加計已經歷年數，求算耐用年數，並於估價報告書中敘明。

第 69 條　成本價格之計算公式如下：
一、土地價格＝土地總成本。
二、建物成本價格＝建物總成本－建物累積折舊額。
三、房地成本價格＝土地價格＋建物成本價格。

前項土地價格之求取有困難者，得以比較法或收益法計算之，並於估價報告書中敘明。以比較法或收益法計算土地價格者，並需考量土地部分之廣告費、銷售費、管理費、稅捐、資本利息及利潤之合理性。依第一項規定計算土地價格，得考量已投入土地開發改良因時間經過造成之減損，並於土地總成本中扣除。

第 70 條　土地開發分析法，指根據土地法定用途、使用強度進行開發與改良所導致土地效益之變化，估算開發或建築後總銷售金額，扣除開發期間之直接成本、間接成本、資本利息及利潤後，求得開發前或建築前土地開發分析價格。

第 71 條　土地開發分析法之估價程序如下：
一、確定土地開發內容及預期開發時間。
二、調查各項成本及相關費用並蒐集市場行情等資料。
三、現況勘察並進行環境發展程度之調查及分析。
四、估算開發或建築後可銷售之土地或建物面積。
五、估算開發或建築後總銷售金額。
六、估算各項成本及相關費用。
七、選擇適當之利潤率及資本利息綜合利率。
八、計算土地開發分析價格。

第 72 條　依土地開發分析法進行估價除依第十一條規定蒐集資料外，另得視需要蒐集下列土地及建物所需資料：

一、開發構想計畫書。

二、建築設計圖說或土地規劃配置圖說。

三、建照申請書或建造執照。

四、營造或施工費資料。

五、規劃、設計、廣告、銷售、管理及稅捐等費用資料。

六、資本利率。

七、開發或建築利潤率。

第 73 條 現況勘察與環境發展程度之調查及分析包括下列事項：

一、調查影響總銷售金額、成本及費用等因素。

二、確認勘估標的之工程進度、施工及環境狀況並攝製必要照片或影像檔。

三、市場交易資料之蒐集、調查。

四、週遭環境土地建物及公共設施開發程度。

第 74 條 開發或建築後可銷售之土地或建物面積應依下列原則估算之：

一、依建造執照及建築設計圖說或土地開發許可文件及規劃配置圖計算之面積。

二、未取得建造執照或土地開發許可文件時應按相關法令規定下最有效使用之狀況，根據土地之地形、地勢並參酌當地市場狀況等因素估算其可銷售面積。

前項可銷售面積之計算過程應詳列計算式以便校核。

第 75 條 開發或建築後預期總銷售金額應按開發或建築後可銷售之土地或建物面積乘以推定之銷售單價計算之。可銷售面積中之各部分銷售單價不同時，應詳列各部分面積及適用之單價。前項銷售單價應考量價格日期當時銷售可實現之價值，以比較法或收益法求取之。

第 76 條 土地建築開發之直接成本、間接成本項目如下：

一、直接成本：營造或施工費。

二、間接成本，其內容如下：

（一）規劃設計費。

（二）廣告費、銷售費。

（三）管理費。

（四）稅捐及其他負擔。

第 77 條　廣告費、銷售費、管理費及稅捐，應按總銷售金額乘以相關費率計算，相關費率應由全聯會定期公告之。

第 78 條　土地開發分析法之規劃設計費與利潤率應依第五十七條及第六十條規定計算之。

第 79 條　土地開發分析法之資本利息綜合利率，應依第五十八條及第五十九條規定計算資本利息年利率，並參考下列公式計算之：

資本利息綜合利率=

資本利息年利率×（土地價值比率+建物價值比率×$\frac{1}{2}$）×開發年數。

勘估標的資本利息負擔特殊，或土地取得未立即營造施工者，資本利息綜合利率得再就前項規定之二分之一部分調整計算，並於估價報告書中敘明。

第一項建物價值比率之建物價值，得以營造施工費加計規劃設計費計算之。

第 80 條　開發年數之估計應自價格日期起至開發完成為止無間斷所需之時間。

第 81 條　土地開發分析法價格之計算公式如下：

$$V = S \div (1+R) \div (1+i) - (C+M)$$

其中：

V：土地開發分析價格。

S：開發或建築後預期總銷售金額。

R：適當之利潤率。

C：開發或建築所需之直接成本。

M：開發或建築所需之間接成本。

i：開發或建築所需總成本之資本利息綜合利率。

第 82 條　全聯會依第五十六條、第六十條、第六十一條、第六十三條、第六十六條、第六十七條及第七十七條公告之資料，應先報請中央主管機關備查。

第四章　宗地估價

第一節　通則

第 83 條　以合併或分割為前提之宗地估價,應考慮合併或分割前後之價格變動情形,而予酌量增減。

第 84 條　數筆土地合併為一宗進行土地利用之估價,應以合併後土地估價,並以合併前各筆土地價值比例分算其土地價格。非以合併一宗進行土地利用為目的之數筆相連土地,其屬同一土地所有權人所有者,比照前項規定計算。

第 85 條　一宗土地內有數種不同法定用途時,應考量其最有效使用及各種用途之相關性及分割之難易度後,決定分別估價或依主要用途估價。

第 86 條　附有建物之宗地估價,應考慮該建物對該宗地價格造成之影響。但以素地估價為前提並於估價報告書敘明者,不在此限。

第 87 條　對以進行開發為前提之宗地,得採土地開發分析法進行估價,並參酌比較法或收益法之評估結果決定其估價額。

第 88 條　土地之上下因有其他設施通過,致使用受限制之宗地,應先估算其正常價格,再考量該設施通過造成土地利用之影響,並計算其地價減損額後,從正常價格中扣除之,以其餘額為該宗地之價格。

第 89 條　受有土壤或地下水汙染之土地,應先估算其未受汙染之正常價格,再依據委託人提供之土壤汙染檢測資料,考量該土壤或地下水汙染之影響,並計算其地價減損額後,從正常價格中扣除之,以其餘額為該宗地之價格。

第二節　特殊宗地估價

第 90 條　溫泉地之估價,應考慮溫泉地之水權內容、開發成本、水量、水質、水溫、當地之交通情形、相關設施及遊客人數等影響溫泉地價格之因素。

第 91 條　高爾夫球場之估價,應考慮會員制度、球場設施、開發成本、收益及營運費用等因素。

第 92 條　林地之估價，得視林木之成長情形而分別採取比較法、收益法及成本法估計之。於採成本法估價時，其總費用之計算，應考量造林費、林地改良費及道路開挖費用。

第 93 條　農場或牧場之估價，以比較法估價為原則。無買賣實例者，得以附近土地價格為基礎，考慮其位置、形狀、地形、土壤特性及利用狀況等差異，比較推估之。

第 94 條　鹽田之估價，以比較法估價為原則。無買賣實例者，得以附近土地價格為基礎，考慮其日照、通風、位置及形狀等差異，比較推估之。

第 98 條　池沼、墓地之估價，以比較法估價為原則。無買賣實例者，得以附近土地價格為基礎，考慮位置、形狀、利用狀況等差異，比較推估之。

第 96 條　（刪除）

第 97 條　公共設施用地及公共設施保留地之估價，以比較法估價為原則。無買賣實例者，得比較其與毗鄰土地使用分區及使用強度差異，及土地價值減損情況，並斟酌毗鄰土地平均價格為基礎推算之。

第五章　房地估價

第 98 條　區分所有建物之估價，應就專有部分、共用部分之比例及基地權利合併估價，並考量其與比較標的之樓層別效用比及位置差異作適當之調整。前項樓層別效用比，由全聯會按不同地區所蒐集之案例公告，供前項調整之參考，並依市場行情及地方習慣推估之。

第 99 條　以勘估標的之房地價格推估其基地單價時，得以下列方式估計之：

一、勘估標的之基地價格＝勘估標的之房地價格－勘估標的之建物成本價格。

二、勘估標的之基地單價＝勘估標的之基地價格／勘估標的之基地面積。

勘估標的之土地價值比率及建物價值比率已知者，以勘估標的之房地價格推估其基地單價時，亦得以下列方式估計之：

一、勘估標的之基地價格＝勘估標的之房地價格×土地價值比率

二、勘估標的之基地單價＝勘估標的之基地價格／勘估標的之基地面積。

前項所稱土地價值比率及建物價值比率，應參酌當地市場調查資料，運用估價方法計算之。

第 100 條　前條勘估標的屬區分所有建物時，以其房地價格推估該區分所有建物基地單價時，得以下列方式估計之：

一、該區分所有建物基地權利價格＝該區分所有建物房地價格－該區分所有建物之建物成本價格。

二、該區分所有建物之基地權利單價＝該區分所有建物基地權利價格／該區分所有建物之基地持分面積。

三、基地單價＝該區分所有建物之基地權利單價×平均地價分配率／該區分所有建物之地價分配率。

前項第三款該區分所有建物之地價分配率公式如下：

該區分所有建物之地價分配率＝

該區分所有建物之樓層別效用比－平均樓層別效用比×全棟建物成本價格占全棟房地總價格比率。

第 101 條　勘估標的之土地價值比率及建物價值比率已知者，前條以房地價格推估該區分所有建物基地單價，亦得以下列方式估計之：

一、該區分所有建物基地權利價格＝該區分所有建物房地價格×土地價值比率

二、該區分所有建物之基地權利單價＝該區分所有建物基地權利價格／該區分所有建物之基地持分面積。

三、該區分所有建物之基地單價＝該區分所有建物之基地權利單價×平均樓層別效用比／該區分所有建物之樓層別效用比

前項所稱土地價值比率及建物價值比率，應參酌當地市場調查資料，運用估價方法計算之。

第 101 條-1　勘估標的之土地價值比率及建物價值比率已知者，以勘估標的之房地價格推估其建物價格時，得以房地價格乘以建物價值比率計算之。

第 102 條　實際建築使用之容積率超過法定容積率之房地估價，應以實際建築使用合法部分之現況估價，並敘明法定容積對估值之影響。

第 103 條　附有違章建築之房地估價，其違建部分不予以評估。但委託人要求評估其價值，並就合法建物及違建部分於估價報告書中分別標示各該部分之價格者，不在此限。

第 104 條　未達最有效使用狀態之房地估價，應先求取其最有效使用狀態之正常價格，再視其低度使用情況進行調整。

第 105 條　建物原核定用途與現行土地使用管制不符之合法建物，應以現行土地使用分區管制允許之建物用途估價，並就其與建物法定用途估價之差額於估價報告書中敘明。

第 106 條　建物已不具備使用價值，得將其基地視為素地估價。但應考量建物拆除成本予以調整之。

第六章　土地改良物估價

第 107 條　土地改良物之分類，依土地法第五條規定。

第 108 條　建物估價，以成本法估價為原則。

辦理建物估價時，其附屬設施得一併估計之。

第 109 條　本規則所稱農作改良物之估價，指附著於土地之果樹、茶樹、竹類、觀賞花木、造林木及其他各種農作物之估價。

第 110 條　農作改良物之估價，應依其類別，考量其生產環境、農業災害、生產技術、生產期間、樹齡大小、生長情形、結果習性、管理狀況及農業設施等因素估計之。

第 111 條　農作改良物之估價方式如下：

一、農作改良物幼小且距孳息成熟期尚長者，依其種植及培育費用，並視作物生長情況估計之。

二、農作改良物接近孳息成熟期者，應估計其收穫量及市場價格，必要時得扣減價格日期至作物孳息成熟期間收成所應投入之費用。

三、農作改良物距成熟期一年以上，且有期待收穫價值者，得以產地價格為基礎，推估未來收穫價格後，折算為價格日期之價格。但應扣除價格日期至作物孳息成熟期間收成所應投入之費用。

第 112 條　附著於土地之工事及水利土壤之改良，以成本法估價為原則。但得斟酌比較法及收益法估價之結果，決定其估價額。

第 113 條　受有土壤及地下水汙染之建物，應先估算其未受汙染之正常價格，再依據委託人提供之土壤汙染檢測資料，考量該土壤及地下水汙染之影響，並計算其減損額後，從正常價格中扣除之，以其餘額為該建物之價格。

第七章 　權利估價

第 114 條　權利估價，包括地上權、典權、永佃權、農育權、不動產役權、耕作權、抵押權、租賃權、市地重劃、容積移轉及都市更新權利變換之估價。

第 115 條　權利估價，應考慮契約內容、權利存續期間、權利登記狀況、相關法令規定、民間習俗及正常市場權利狀態等影響權利價值之因素估計之。

第 116 條　地上權估價，應考慮其用途、權利存續期間、支付地租之有無、權利讓與之限制及地上權設定之空間位置等因素估計之。

第 117 條　典權估價，應考慮權利存續期間、權利讓與之限制等因素，以典價為基礎估計之。

第 118 條　永佃權估價，應考慮佃租支付情形、民間習俗等因素估計之。

第 118 條-1　農育權估價，應考慮設定目的、約定方法、權利存續期間、支付地租之有無及高低、權利讓與之限制、民間習俗、得為增加土地生產力或使用便利之特別改良等因素估計之。

第 119 條　不動產役權估價，應考慮需役不動產與供役不動產之使用情況、權利存續期間、不動產役權使用性質、民間習俗等因素估計之。

第 120 條　耕作權估價，應考慮耕作期間、權利登記狀況、相關法令規定等因素估計之。

第 121 條　抵押權估價，應估計價格日期當時勘估標的正常價格，以實際債權額為基礎，考慮其他順位抵押權設定狀況、流通性、風險性、增值性及執行上之難易程度等因素調整估計之。

第 122 條　租賃權估價，應考慮契約內容、用途、租期、租金支付方式、使用目的及使用情形等因素估計之。

第 122 條-1　市地重劃估價，其重劃前、後地價評估項目應依平均地權條例及其施行細則、市地重劃實施辦法及獎勵土地所有權人辦理市地重劃辦法等相關法令規定辦理。

第 123 條　容積移轉估價，應考慮容積送出基地、接受基地及其他影響不動產價格及相關法令等因素估計之。

第 124 條 都市更新權利變換估價，其評估項目應依都市更新條例及都市更新權利變換實施辦法等相關法令規定辦理。

第 125 條 權利變換前為區分所有建物者，應以全棟建物之基地價值比率，分算各區分所有建物房地總價之基地權利價值，公式如下：

各區分所有建物之基地權利價值＝
各區分所有建物房地總價×基地價值比率

前項基地價值比率之計算公式如下：

基地價值比率＝

$$\frac{(素地單價×基地總面積)}{\{素地單價×基地總面積＋[營造或施工費單價×(1-累積折舊率)×全棟建物面積]\}}$$

區分所有建物情況特殊致依第一項計算之基地權利價值顯失公平者，得依第 126 條-2 計算之基地權利價值予以調整。

第 126 條 權利變換前區分所有建物之基地總價值低於區分所有建物坐落基地之素地總價值者，各區分所有建物之基地權利價值，計算方式如下：
一、 依前條規定計算基地價值比率。
二、 各區分所有建物基地權利價值＝各區分所有建物房地總價×基地價值比率。
三、 各區分所有建物基地權利價值比率＝各區分所有建物基地權利價值／Σ(各區分所有建物基地權利價值)。
四、 各區分所有建物調整後基地權利價值＝區分所有建物坐落基地之素地總價值×各區分所有建物基地權利價值比率。

第 126 條-1 權利變換前為非屬區分所有之建物者，應以該建物之房地總價乘以基地價值比率計算基地權利價值。但基地權利價值低於素地價值者，以素地價值為準。

第 126 條-2 權利變換前地上有區分所有建物之基地所有權人未持有該區分所有建物產權者，其土地權利價值計算方式如下：
一、 該基地所有權人持有之土地持分可確認其對應之區分所有建物者，依第一百二十五條或第一百二十六條計算其對應區分所有建物之基地權利價值，再扣除該合法區分所有建物權利價值。

二、 該基地所有權人持有之土地持分無法確認其對應之區分所有建物者，依下列方式計算：

（一）依第 125 條或第 126 條計算同一建築基地平均單價。

（二）前目平均單價乘以無持分建物權屬之基地持分面積。

（三）計算地上建物全棟之權利價值。

（四）前目乘以無持分建物權屬之基地持分比例。

（五）第二目扣除前目之餘額。

前項無持分建物權屬之基地所有權人與其地上建物所有權人自行協議者，依其協議辦理。

第 127 條　權利變換前之基地未建築使用者，以素地價值推估其土地權利價值。

第 128 條　權利變換後區分所有建物及其土地應有部分，應考量都市更新權利變換計畫之建築計畫、建材標準、設備等級、工程造價水準及更新前後樓層別效用比關聯性等因素，以都市更新評價基準日當時之新成屋價格查估之。

第八章　租金估計

第 129 條　不動產之租金估計應考慮契約內容、租期長短、使用目的、稅費負擔、租金水準、變遷狀態、租約更新、變更條件及其他相關因素估計之。

第 130 條　不動產租金估計，以估計勘估標的之實質租金為原則。

前項所稱實質租金，指承租人每期支付予出租人之租金，加計押金或保證金、權利金及其他相關運用收益之總數。

第 131 條　不動產租金估計，應視新訂租約與續訂租約分別為之。

第 132 條　新訂租約之租金估計，得採下列方式為之：

一、 以新訂租約之租賃實例為比較標的，運用比較法估計之。

二、 以勘估標的價格乘以租金收益率，以估計淨收益，再加計必要費用。

三、 分析企業經營之總收入，據以估計勘估標的在一定期間內之淨收益，再加計必要費用。

第 133 條　續訂租約之租金估計，得採下列方式為之：

一、 以續訂租約之租賃實例為比較標的，運用比較法估計之。

二、 以勘估標的於價格日期當時之正常價格為基礎，乘以續租之租金收益率，以估計淨收益，再加計必要費用。

三、 以勘估標的原契約租金之淨收益，就其租金變動趨勢調整後，再加計必要費用。

四、 分析勘估標的原契約租金與市場經濟租金之差額中，應歸屬於出租人之適當部分，加計契約租金。

第九章　附則

第 134 條　本規則自發布日施行。

附錄 B　　不動產估價師法

名　　　稱：不動產估價師法
修正日期：民國 108 年 06 月 21 日

第一章　總則

第 1 條　　中華民國國民經不動產估價師考試及格，並依本法領有不動產估價師證書者，得充任不動產估價師。

第 2 條　　本法所稱主管機關：在中央為內政部；在直轄市為直轄市政府；在縣（市）為縣（市）政府。

第 3 條　　經不動產估價師考試及格者，得向中央主管機關請領不動產估價師證書。

第 4 條　　有下列情形之一，不得充任不動產估價師；其已充任不動產估價師者，撤銷或廢止其不動產估價師資格並註銷不動產估價師證書：
　　　　　　一、曾因不動產業務上有關詐欺、背信、侵占、偽造文書等犯罪行為，受有期徒刑六個月以上刑之宣告確定者。
　　　　　　二、受本法所定除名處分者。
　　　　　　三、依專門職業及技術人員考試法規定，經撤銷考試及格資格者。

第二章　登記及開業

第 5 條　　領有不動產估價師證書，並具有實際從事估價業務達二年以上之估價經驗者，得申請發給開業證書。

　　　　　　不動產估價師在未領得開業證書前，不得執行業務。

　　　　　　第一項所稱估價經驗之認定標準，由中央主管機關定之。

第 6 條　　不動產估價師登記開業，應備具申請書，並檢附不動產估價師證書及實際從事估價業務達二年以上之估價經驗證明文件，向所在地直轄市或縣（市）主管機關申請，經審查登記後，發給開業證書。

　　　　　　直轄市及縣（市）主管機關，應備具開業不動產估價師登記簿；其格式，由中央主管機關定之。

第 7 條　　直轄市及縣（市）主管機關於核發不動產估價師開業證書後，應刊登政府公報，並報中央主管機關備查；撤銷或廢止開業資格並註銷開業證書時，亦同。

第 8 條　　有下列情形之一者，不發給開業證書；已領者，撤銷或廢止其開業資格並註銷開業證書：

一、經撤銷或廢止不動產估價師資格並註銷不動產估價師證書。

二、罹患精神疾病或身心狀況違常，經直轄市或縣（市）主管機關委請二位以上相關專科醫師諮詢，並經直轄市或縣（市）主管機關認定不能執行業務。

三、受監護或輔助宣告尚未撤銷。

四、受破產宣告尚未復權。

依前項第二款至第四款註銷開業證書者，於原因消滅後，仍得依本法之規定，請領開業證書。

第 9 條　　不動產估價師開業，應設立不動產估價師事務所執行業務，或由二個以上估價師組織聯合事務所，共同執行業務。

前項事務所，以一處為限，不得設立分事務所。

第 10 條　　不動產估價師事務所遷移於核准登記開業之直轄市或縣（市）以外地區時，應檢附原開業證書向原登記之主管機關申請核轉遷移登記；遷移地之主管機關於接獲原登記主管機關通知後，應即核發開業證書，並復知原登記主管機關將原開業證書註銷。

第 11 條　　不動產估價師開業後，其登記事項有變更時，應於事實發生之日起三十日內，報該管直轄市或縣（市）主管機關登記。

第 12 條　　不動產估價師自行停止執行業務，應於事實發生之日起三十日內，敘明事由，檢附開業證書，向直轄市或縣（市）主管機關申請註銷開業證書。

第 13 條　　不動產估價師開業後，有第八條第一項規定情形之一或死亡時，得由其最近親屬或利害關係人檢附有關證明文件，向直轄市或縣（市）主管機關申請撤銷或廢止其開業資格並註銷開業證書。

直轄市或縣（市）主管機關知悉前條或前項情事時，應依職權予以撤銷或廢止其開業資格並註銷開業證書。

第三章 業務及責任

第 14 條　不動產估價師受委託人之委託，辦理土地、建築改良物、農作改良物及其權利之估價業務。

　　　　　未取得不動產估價師資格者，不得辦理前項估價業務。但建築師依建築師法規定，辦理建築物估價業務者，不在此限。

第 15 條　不動產估價師受委託辦理業務，其工作範圍及應收酬金，應與委託人於事前訂立書面契約。

第 16 條　不動產估價師受委託辦理各項業務，應遵守誠實信用之原則，不得有不正當行為及違反或廢弛其業務上應盡之義務。

　　　　　不動產估價師違反前項規定，致委託人或利害關係人受有損害者，應負損害賠償責任。

第 17 條　不動產估價師不得允諾他人以其名義執行業務。

第 18 條　不動產估價師對於因業務知悉之秘密，除依第二十一條之規定或經委託人之同意外，不得洩漏。但為提昇不動產估價技術，得將受委託之案件，於隱匿委託人之私人身份資料後，提供做為不動產估價技術交流、研究發展及教學之用。

第 19 條　不動產估價之作業程序、方法及估價時應遵行事項等技術規則，由中央主管機關定之。

　　　　　不動產估價師受託辦理估價，應依前項技術規則及中央主管機關之規定製作估價報告書，於簽名後交付委託人。

　　　　　不動產估價師對於委託估價案件之委託書及估價工作記錄資料應至少保存十五年。

第 20 條　不動產估價師開業證書有效期限為四年。期滿前，不動產估價師應檢附其於四年內在中央主管機關認可之機關（構）、學校、團體完成專業訓練三十六個小時以上或與專業訓練相當之證明文件，向直轄市或縣（市）主管機關辦理換證。屆期未換證者，應備具申請書，並檢附最近四年內完成受訓三十六個小時以上或與專業訓練相當之證明文件，依第六條第一項規定，重行申請開業登記及發給開業證書。

前項機關（構）、學校、團體應具備之資格、認可程序、專業訓練或與專業訓練相當之方式及證明文件等事項之認可辦法，由中央主管機關定之。

第 21 條　主管機關得檢查不動產估價師之業務或令其報告，必要時，得查閱其業務記錄簿，不動產估價師不得規避、妨礙或拒絕。

前項業務記錄簿之格式，由中央主管機關定之。

第四章　公會

第 22 條　不動產估價師領得開業證書後，非加入該管直轄市或縣（市）不動產估價師公會，不得執行業務。不動產估價師公會對具有資格之不動產估價師之申請入會，不得拒絕。

不動產估價師於加入公會時，應繳納會費，並由公會就會費中提撥不低於百分之二十之金額，作為不動產估價研究發展經費，交由不動產估價師公會全國聯合會設管理委員會負責保管，用於不動產估價業務有關研究發展事項。

前項管理委員會之組織及經費運用辦法，由不動產估價師公會全國聯合會定之，並報中央主管機關備查。

不動產估價師事務所遷移於原登記開業之直轄市或縣（市）以外地區時，於依第十條規定領得新開業證書後，應向該管不動產估價師公會申請辦竣出會及入會後，始得繼續執業。

第 23 條　直轄市或縣（市）不動產估價師公會，以在該區域內開業之不動產估價師十五人以上發起組織之；其不滿十五人者，得加入鄰近直轄市或縣（市）之不動產估價師公會。

第 24 條　不動產估價師公會於直轄市或縣（市）組設之，並設不動產估價師公會全國聯合會於中央政府所在地。

同一區域內，同級之不動產估價師公會，以一個為原則。但二個以上同級之公會，其名稱不得相同。

第 25 條　不動產估價師公會全國聯合會，應由直轄市或縣（市）不動產估價師公會七個單位以上之發起組織之；但經中央主管機關核准者，不在此限。

第 26 條　不動產估價師公會置理事、監事，由會員（會員代表）大會選舉之，其名額如下：

一、縣（市）不動產估價師公會之理事不得逾十五人。

二、直轄市不動產估價師公會之理事不得逾二十五人。

三、不動產估價師公會全國聯合會之理事不得逾三十五人。

監事名額不得超過理事名額三分之一。候補理事、候補監事名額不得超過理事、監事名額三分之一。

理事、監事名額在三人以上者，得分別互選常務理事及常務監事；其名額不得超過理事或監事總額三分之一；並由理事就常務理事中選舉一人為理事長，其不設常務理事者，就理事中互選之。常務監事在三人以上時，應互推一人為監事會召集人。

理事、監事之任期為三年，連選連任，理事長之連任以一次為限。

第 27 條　不動產估價師公會應訂立章程，造具會員名冊及職員簡歷冊，報請該管人民團體主管機關核准立案，並報所在地主管機關備查。

第 28 條　不動產估價師公會章程，應規定下列事項：

一、名稱、組織區域及會址。

二、宗旨、組織及任務。

三、會員之入會及出會。

四、會員（會員代表）之權利及義務。

五、會員代表、理事、監事、候補理事、候補監事之名額、權限、任期及其選任、解任。

六、會員遵守之公約。

七、風紀維持方法。

八、會議。

九、會費、經費及會計。

十、章程修訂之程序。

十一、其他有關會務之必要事項。

第 29 條　不動產估價師公會應將下列事項，報該管人民團體主管機關及所在地主管機關：

一、會員名冊及會員之入會、出會。

二、理事、監事選舉情形及當選人姓名。

三、會員（會員代表）大會、理事會及監事會開會之紀錄。

四、提議及決議事項。

第五章　獎懲

第 30 條　不動產估價師對不動產估價學術、技術、法規或其他有關不動產估價事宜之研究或襄助研究、辦理，有重大貢獻者，直轄市或縣（市）主管機關得報請中央主管機關予以獎勵。

第 31 條　不動產估價師之獎勵如下：

一、頒發獎狀或獎牌。

二、頒發專業獎章。

第 32 條　違反第十四條第二項之規定者，處新臺幣五萬元以上二十五萬元以下罰鍰。

第 33 條　不動產估價師已領有開業證書未加入不動產估價師公會而執行業務者，處新臺幣二萬元以上十萬元以下罰鍰。

不動產估價師未領有開業證書、開業證書屆期未換證、已註銷開業證書或受停止執行業務處分而仍執行業務者，處新臺幣三萬元以上十五萬元以下罰鍰。

受第一項或前項處分合計三次，而仍繼續執行業務者，廢止其不動產估價師資格並註銷不動產估價師證書。

第 34 條　依前二條所處罰鍰，經通知限期繳納，屆期仍未繳納者，依法移送強制執行。

第 35 條　不動產估價師之懲戒處分如下：

一、警告。

二、申誡。

三、停止執行業務二個月以上二年以下。

四、除名。

不動產估價師受警告處分三次者，視為申誡處分一次；申誡處分三次者，應另予停止執行業務之處分；受停止執行業務處分累計滿三年者，應予除名。

第 36 條　不動產估價師違反本法規定者，依下列規定懲戒之：

一、違反第九條第二項、第十條至第十二條或第十五條規定情事之一者，應予警告或申誡。

二、違反第十八條或第十九條第二項規定情事之一者，應予申誡或停止執行業務。

三、違反第十六條第一項、第十七條、第二十一條或第二十二條第四項規定情事之一者，應予停止執行業務或除名。

第 37 條　直轄市及縣（市）主管機關應設不動產估價師懲戒委員會，處理不動產估價師懲戒事項。

前項懲戒委員會之組織，由中央主管機關定之。

第 38 條　不動產估價師有第三十六條各款情事之一時，利害關係人、直轄市或縣（市）主管機關或不動產估價師公會得列舉事實，提出證據，送請該不動產估價師登記地之不動產估價師懲戒委員會處理。

第 39 條　不動產估價師懲戒委員會對於不動產估價師懲戒事項，應通知被付懲戒之不動產估價師，限於二十日內提出答辯或到會陳述；如不依限提出答辯或到會陳述時，得逕行決定。

不動產估價師懲戒委員會處理懲戒事件，認為有犯罪嫌疑者，應即移送司法機關偵辦。

第 40 條　被懲戒人受懲戒處分後，應由直轄市或縣（市）主管機關執行，並通知公會及刊登政府公報。

第六章　附則

第 41 條　不動產估價師間，對於同一標的物在同一期日價格之估計有百分之二十以上之差異時，土地所有權人或利害關係人得請求土地所在之直轄市或縣（市）不動產估價師公會協調相關之不動產估價師決定其估定價格；必要時，得指定其他不動產估價師重行估價後再行協調。

不動產估價師公會為前項之處理時，發現不動產估價師有違反本法之規定時，應即依第三十八條之規定處理。

第 42 條　外國人得依中華民國法律，應不動產估價師考試。

前項考試及格，領有不動產估價師證書之外國人，適用本法及其他有關不動產估價師之法令。

第 43 條　外國人經許可在中華民國執行不動產估價師業務者，其所為之文件、圖說，應以中華民國文字為之。

第 44 條　本法施行前已從事第十四條第一項所定不動產估價業務者，自本法施行之日起，得繼續執業五年；五年期滿後尚未取得不動產估價師資格並依本法開業者，不得繼續執行不動產估價業務。

本法施行前已從事不動產估價業務滿三年，有該項執行業務所得扣繳資料證明或薪資所得扣繳資料證明並具有專科以上學校畢業資格，經中央主管機關審查合格者，得應不動產估價師特種考試。

前項特種考試，於本法施行後五年內辦理三次。

公司或商號於本法施行前已登記經營不動產估價業務者，自本法施行之日起五年內應辦理解散或變更登記停止經營是項業務，五年期滿即由該管登記機關廢止其公司或商業登記之全部或部分登記事項，不得繼續經營不動產估價業務。

第 44-1 條　依本法規定核發不動產估價師證書及開業證書，得收取費用；其費額，由中央主管機關定之。

第 45 條　本法施行細則，由中央主管機關定之。

第 46 條　本法自公布日施行。

本法中華民國九十八年五月十二日修正之條文，自九十八年十一月二十三日施行。

附錄 C　不動產估價師法施行細則

發布時間：民國 90 年 10 月 17 日

第 1 條　本細則依不動產估價師法（以下簡稱本法）第四十五條規定訂定之。

第 2 條　依本法第三條所定向中央主管機關請領不動產估價師證書者，應備具下列文件：

一、申請書。

二、不動產估價師考試及格證書及其影本。

三、身分證明文件影本。

四、本人最近一年內二吋半身照片二張。

合於前項規定者，發給不動產估價師證書，並發還原繳送之考試及格證書；不合規定者，駁回其申請；其須補正者，應通知其於十五日內補正，屆期未補正者，駁回其申請。

依前項規定駁回申請時，應退還第一項第二款至第四款之文件。

第 3 條　依本法第六條所定向所在地直轄市或縣（市）主管機關申請登記開業發給不動產估價師開業證書者，應備具下列文件：

一、申請書。

二、不動產估價師證書及其影本。

三　實際從事不動產估價業務達二年以上之估價經驗證明文件及其影本。

四、身分證明文件影本。

五、本人最近一年內二吋半身照片二張。

前條第二項之規定，於前項申請準用之；駁回申請時，應退還前項第二款至第五款之文件。

第一項申請人為外國人者，直轄市或縣（市）主管機關於審查合於規定，並依本法第四十二條第二項規定報經中央主管機關許可後，始得核發開業證書。

第 4 條　本法第七條及第四十條所稱政府公報，指該管直轄市或縣（市）主管機關公報。

第 5 條　不動產估價師證書遺失、滅失或汙損，備具下列文件者，得向中央主管機關申請補發或換發：
一、申請書。
二、證書遺失、滅失者，刊登聲明原領證書遺失、滅失作廢之報紙；證書汙損者，原證書。
三、身分證明文件影本。
四、本人最近一年內二吋半身照片二張。

第 6 條　不動產估價師開業證書遺失、滅失或汙損，備具下列文件者，得向所在地直轄市或縣（市）主管機關申請補發或換發：
一、申請書。
二、證書遺失、滅失者，刊登聲明原領證書遺失、滅失作廢之報紙；證書汙損者，原證書。
三、身分證明文件影本。
四、本人最近一年內二吋半身照片二張。

依前項補發或換發之開業證書，仍以原開業證書之有效期限為期限。

第 7 條　中央主管機關撤銷或廢止不動產估價師資格並註銷不動產估價師證書時，應通知各直轄市或縣（市）主管機關；不動產估價師已開業者，該管直轄市或縣（市）主管機關，應依本法第十三條第二項規定依職權予以撤銷或廢止其開業資格並註銷開業證書。

第 8 條　不動產估價師依本法第十條所定向原登記主管機關申請遷移登記時，應備具下列文件：
一、申請書。
二、原開業證書。
三、身分證明文件影本。
四、本人最近一年內二吋半身照片二張。

原登記主管機關受理前項申請，經查核無誤後，除將原開業證書抽存外，應將全案移送遷移地之直轄市或縣（市）主管機關。遷移地之直轄市或縣（市）主管機關應予登記及發給開業證書，並復知原登記主管機關將原開業證書註銷。
遷移地之主管機關依前項發給之開業證書，仍以原開業證書之有效期限為期限。

第 9 條　　　本法第十一條所稱登記事項有變更，指下列之情形：

一、不動產估價師身分資料之變更。

二、事務所名稱、地址之變更。

三、聯合事務所共同執行業務之不動產估價師之異動。

不動產估價師依本法第十一條所定報請登記事項變更時，應檢附申請書、開業證書及登記事項變更之證明文件。

第 10 條　　　本法第十九條第三項所定十五年，自不動產估價師將估價報告書交付委託人之日起算。

第 11 條　　　依本法第二十條第一項所定向直轄市或縣（市）主管機關申請換證者，應備具下列文件，於原開業證書有效期限屆滿前三個月內為之：

一、申請書。

二　四年內完成專業訓練三十六個小時以上或與專業訓練相當之證明文件。

三、原開業證書影本。

四、身分證明文件影本。

五、本人最近一年內二吋半身照片二張。

合於前項規定者，直轄市或縣（市）主管機關應通知申請人繳交原開業證書換發新開業證書；不合規定者，駁回其申請；其須補正者，應通知其於十五日內補正，屆期未補正者，駁回其申請。

依前項規定駁回申請時，應退還第一項第二款至第五款之文件。

依第一項規定申請換證時，其原開業證書遺失、滅失者，應檢附刊登聲明原領證書遺失、滅失作廢之報紙。

第一項第二款所稱四年內，指專業訓練之結訓日在原開業證書有效期間之四年內。

第一項換發之開業證書，其有效期限自原開業證書期限屆滿日起算四年。

第 12 條　　　依本法第二十條第一項所定重行申請開業登記及發給開業證書者，除依第三條之規定辦理外，並應檢附最近四年內完成受訓三十六個小時以上或與專業訓練相當之證明文件及原開業證書。

前項所稱最近四年內，指專業訓練之結訓日至重行申請開業登記之日在四年以內。

第 13 條　直轄市或縣（市）不動產估價師公會（以下簡稱直轄市或縣（市）公會）之會員，以在該直轄市或縣（市）領有開業證書之不動產估價師為限。但鄰近直轄市或縣（市）之不動產估價師依本法第二十三條所定申請加入者，不在此限。

第 14 條　依本法第二十三條所定加入鄰近直轄市或縣（市）公會之不動產估價師，於其開業之直轄市或縣（市）組織不動產估價師公會後，應加入其開業之直轄市或縣（市）公會。

第 15 條　不動產估價師公會全國聯合會（以下簡稱全國聯合會）之會員代表，由直轄市、縣（市）公會選派之；其選派之代表人數，於全國聯合會章程中定之。

前項直轄市、縣（市）公會選派之代表，不以各該公會之理事、監事為限。

第 16 條　全國聯合會理事、監事之被選舉人，不以直轄市、縣（市）公會選派參加全國聯合會之會員代表為限。

第 17 條　本法第三十五條第二項所定不動產估價師懲戒處分之計算，對於其在各直轄市或縣（市）之懲戒處分，應予累計。

第 18 條　直轄市或縣（市）主管機關執行不動產估價師之懲戒處分時，應檢視其懲戒處分之累計情形，其有本法第三十五條第二項所定申誡處分三次者或受停止執行業務處分累計滿三年者，應提不動產估價師懲戒委員會另予停止執行業務之處分或予以除名。

第 19 條　直轄市或縣（市）主管機關執行不動產估價師受除名之懲戒處分時，應報請中央主管機關廢止不動產估價師資格並註銷不動產估價師證書後，廢止開業資格並註銷開業證書。

第 20 條　本法第四十一條第一項所定百分之二十以上之差異，指最高價格與最低價格之差，除以各價格平均值達百分之二十以上。

第 21 條　本法第四十四條第二項所定本法公布施行前已從事不動產估價業務者，指已登記得經營不動產估價業務之公司、商號或財團法人從事不動產估價業務之人員。

前項人員申請不動產估價師特種考試資格審查，應於當次考試報名開始之日十五日前檢附下列文件，向中央主管機關為之：

一、申請書。

二、身分證明文件影本。

三、本法施行前已從事不動產估價業務滿三年之證明文件。

四、執行業務所得扣繳資料證明或薪資所得扣繳資料證明。

五、專科以上學校畢業資格證明文件。

六、其他經中央主管機關規定之證明文件。

合於前項規定者，發給審查合格證明文件；不合規定者，駁回其申請，並退還前項第二款至第六款之文件。

第 22 條　　依本法規定核發不動產估價師證書及開業證書，得收取費用；其費額由中央主管機關定之。

前項收費，應依預算程序為之。

第 23 條　　本細則所定書、表格式，由中央主管機關定之。

第 24 條　　本細則自發布日施行。

附錄 D　敘述式不動產估價報告書範本

中華民國不動產估價師公會全國聯合會

第二號公報—「敘述式不動產估價報告書範本」

94 年 6 月 23 日、10 月 3 日、12 月 30 日及 95 年 3 月 8 日、5 月 9 日五次研究發展委員會
研擬及修訂

94 年 10 月 24 日第一屆第四次理監事會議討論

94 年 10 月 26 日邀請銀行局、銀行公會與專家學者座談討論修訂

94 年 10 月 30 日本範本置於全聯會網站公開徵求意見

95 年 4 月 7 日、29 日及 30 日分別與臺北市、臺中市及高雄市估價師公會會員座談報告及
修訂相關意見

95 年 5 月 16 日第一屆第五次理監事聯席會議通過

95 年 9 月 13 日、9 月 27 日及 10 月 11 日三次研究發展委員會修訂

95 年 11 月 1 日第一屆第七次理監事聯席會議通過

（說明）：

一、　本範本係作為本會所轄各地方公會之會員於下列情形下，進行不動產估價報
告書撰寫之參考範本：

（一）　公開發行公司取得或處分不動產交易金額達公司實收資本額百分之十或新
臺幣參仟萬元以上之不動產估價。

（二）　因會計財務報表需要對於資產價值達新臺幣參仟萬元以上之資產進行評估
或重估之不動產估價。

（三）　金融機關設定抵押貸款不動產擔保品價值達新臺幣參仟萬元以上之不動產
估價。

（四）　法院不動產糾紛訴訟價值達新臺幣參仟萬元之不動產價值評估。

（五）　除不動產證券化、法院拍賣及消費型房貸估價外之其他目的之不動產估
價，不動產價值達新臺幣參仟萬元以上者。

二、本範本內容提供不動產估價師作業參考，實際內容應須符合不動產估價技術
規則相關規定。

不動產估價師全國聯合會製

中華民國九十五年十一月十一日

不動產估價報告書摘要

一、 不動產估價報告書案號：＿＿＿＿＿＿＿＿＿＿＿＿＿＿＿＿＿＿＿＿。

二、 委託人：＿＿＿＿＿＿＿＿＿＿＿＿＿＿＿＿＿＿＿＿＿＿＿＿＿＿。

三、 基本資料：

（一） 勘估標的：＿＿＿＿＿＿＿＿＿＿＿＿＿＿＿＿＿＿＿＿＿＿。

（二） 土地面積：＿＿＿＿＿＿＿平方公尺（＿＿＿＿＿坪）。

（三） 建物面積：＿＿＿＿＿＿＿平方公尺（＿＿＿＿＿坪）。

（四） 不動產所有權人：＿＿＿＿＿＿＿＿＿＿＿＿＿＿＿＿＿＿。

（五） 土地使用分區及使用編定：＿＿＿＿＿＿＿＿＿＿＿＿＿＿。

（六） 建物法定用途：＿＿＿＿＿＿＿＿＿＿＿＿＿＿＿＿＿＿＿。

（七） 勘估標的使用現況：＿＿＿＿＿＿＿＿＿＿＿＿＿＿＿＿＿。

（八） 產品型態：＿＿＿＿＿＿＿＿＿＿＿＿＿＿＿＿＿＿＿＿＿。

四、 估價前提

（一） 估價目的：＿＿＿＿＿＿＿＿＿＿＿＿＿＿＿＿＿＿＿＿＿。

（二） 價格種類：＿＿＿＿＿＿＿＿＿＿＿＿＿＿＿＿＿＿＿＿＿。

（三） 價格日期：民國○○年○○月○○日。

（四） 勘察日期：民國○○年○○月○○日。

五、 公告土地現值計算之土地增值稅與淨值

（一） 按當年度公告現值計算之土地增值稅總額：＿＿＿＿＿＿＿元。

（二） 扣除公告土地增值稅淨額：＿＿＿＿＿＿＿＿＿元。

六、 他項權利設定紀錄：

抵押權設定本金最高限額總金額，新臺幣＿＿＿＿＿＿元。

七、 評估價值結論：

勘估標的係坐落於＿＿＿＿＿（填寫不動產座落）之不動產，本報告基於估

價目的為_____（填寫估價目的）之不動產價值參考，價格種類為_____
填寫正常價格、限定價格或特定價格），價格日期為民國○○年○○月○○日，考
量委託者提供之勘估標的基本資料，評估勘估標的於現行不動產市場條件下合理
評估價值。

　　經本所估價師針對勘估標的進行產權、一般因素、區域因素、個別因素、不
動產市場現況及勘估標的依最有效使用情況下，及本估價師專業意見分析後，採
用_____（填寫採用的估價方法）等二種或三種估價方法進行評估，各方法
評估結果及最終價格決定如下。

（一）　收益價格：新臺幣_____元

（二）　比較價格：新臺幣_____元

（三）　成本價格：新臺幣_____元

（四）　成本法之土地開發分析價格：新臺幣_____元

（五）最後決定之估價金額：新臺幣_____元

以上評估結果僅適用於勘估標的於_____（填寫估價目的）估價目的下之價
　　　值參考。另使用本估價報告書者詳閱報告內容所載之基本聲明事項、限制條
　　　件、基本事項說明及估價條件，以避免估價結果之誤用。

　　另由於本報告評估價格種類為限定價格（或特定價格），依不動產估價技術規
則第六條第二款規定：「其以特定價格或限定價格估價者，應敘明其估價條件，並
同時估計其正常價格。」因此，經本所估價師評估勘估標的若在正常情況下形成
之合理價格應為新臺幣○○○○○○元。（若評估價格種類為正常價格則無須填寫
本段）

　　　　　　　　　　　不動產估價師：_____（簽名或蓋章）

（說明）：

登載開業證書及地方公會會員證書字號於此處。

壹、序言

一、估價立場聲明

（一）我方以公正第三人立場進行客觀評估。

（二）我方與委託單位及受勘估單位僅為單純業務往來關係。

（三）本事務所及本所估價師與委託單位、不動產所有權人或交易雙方僅為單純之業務關係，並無財務會計準則公報第六號所定之關係人或實質關係人之情事。

（四）本報告書所載內容絕無虛偽或隱匿之情事，報告書中所提之事實描述具真實確切性。

（五）本報告書中之分析意見及結論，係基於報告書中所假設及限制條件下成立；此等分析意見及結論是屬個人中立之專業評論。

（六）我方對於本標的無現有或可預期的利益；對於與本標的相關的權利關係人，我方亦無個人私利或偏見。

（七）我方收取之報酬，係基於專業勞務之正當報酬、不為不正當之競價；我方對客戶提出之要求當努力實現，但絕不刻意扭曲合理估價之結果。

（八）本估價報告書內容遵循內政部訂定之不動產估價師法及不動產估價技術規則相關規定、國內外之不動產估價理論，並符合不動產估價師全國聯合會頒布之「敘述式估價報告書範本」格式。

二、估價基本條件

　　本估價報告書，係在下列基本假設條件下製作完成：

（一）除非報告書中有特別聲明，勘估標的之所有權視為是正常狀態、且具市場性。

（二）除非報告書中有特別聲明，評估結論是在未考慮不動產抵押權或其他權利設定的情況下進行的。

（三）報告書中引用他人提供之資訊經估價師盡力查證後認為是確實可靠的。

（四）勘估標的中的土地及其地上物之結構於報告書中被認為屬一般正常情形，無任何隱藏或未被發現之影響該不動產價值條件。因此，本估價報告書對這些隱藏或無法在一般勘察中發現的條件不負責任。

（五）除非估價報告書中有特別聲明，所評估的不動產均被認為符合環境保護相關法規之規定，而未受到任何限制事項。

（六）除非在估價報告書中有特別聲明，勘估標的可能存在或不存在的危險因子，不列入估價師的勘察範圍之內。不動產估價師並不具備了解不動產內部成分或潛在危險的知識能力，也沒有資格檢測這種物質；石棉、尿素、胺／甲醛泡沫絕緣體等類材料及其他潛在的危險材料的存在，可能會影響不動產的價值。估價報告書中的假設前提，是勘估標的中沒有這些會導致價值降低的材料。估價報告書對於這些情況、及用於發現此等狀況的專業或工程知識不負責任。如有需要，估價報告書使用者須另聘這一類領域的專家進行分析。

三、估價報告書使用之限制條件

　　本估價報告書使用之一般限制條件如下：

（一）在本估價報告書中總價值分配至土地、改良物之間的價值，只適用於估價報告書中所提及的項目下；分配的價值不能使用於其他任何估價中。

（二）本估價報告書或估價報告書複本的持有者，無出版本估價報告書的權利。

（三）在沒有經過估價師書面同意的情況下，估價報告書的全部或其中某部份內容（尤其是估價結論、估價師身分、估價師所屬的事務所）不得經由廣告、公共關係、新聞、銷售或其他傳播媒體公諸於眾。

（四）估價報告書評估結果僅適用於整個不動產的估價。除非在估價報告書中另有聲明，否則，任何將整個受估不動產價值按權利比例劃分或其他方式劃分，都將使本估價報告書中的估價結果無效。

（五）估價報告書中的預測、預估或經營結果估計，乃立基於當前市場條件、預期短期需求及供給因素、與連續穩定的經濟基礎上。因此，這些預測將隨著將來條件的不同而改變。

（六） 本估價報告書評估結果係作為委託人在報告書所載之估價目的限制下參考，估價目的變更可能使該估價金額發生改變。因此，本報告書無法適用於其他估價目的下之參考使用。

（七） 本估價報告書評估結果係在不動產估價師考量某些估價條件下形成，委託人或使用報告書者應了解估價報告書中所載之估價條件，以避免誤用本估價報告書所載之估價金額。

（八） 本估價報告書評估結果僅具有不動產價值參考的特性，不必然成為委託者或使用者對該不動產價格之最後決定金額。

貳、估價基本事項說明

一、 委託人：＿＿＿＿＿＿＿＿＿＿。

二、 勘估標的之基本資料：

（一） 勘估標的內容：

　　1. 土地標示：＿＿＿＿＿＿＿＿＿。

　　2. 建物標示：＿＿＿＿＿＿＿＿＿。

　　3. 評估的權利種類：＿＿＿＿＿＿＿＿＿。

（二） 產權分析：

　　1. 所有權人及權利範圍：＿＿＿＿＿＿＿＿＿。

　　2. 他項權利：＿＿＿＿＿＿＿＿＿。

　　3. 依土地或建物登記簿謄本上登載勘估標的於民國○○年○○月○○日受○○地方法院或○○機關申請假扣押、查封、預告登記等限制登記情事，應請使用報告書者注意。

　　4. 勘估土地或建物是否有其他私權紛爭，本所無法得知，本報告係在以登記簿謄本登記為依據，且在無其他私權糾紛前提下評估。

三、 價格日期：＿＿＿＿＿＿＿＿＿＿＿＿＿＿＿＿＿。

四、 勘察日期：＿＿＿＿＿＿＿＿＿＿＿＿＿＿＿＿＿。

五、價格種類：＿＿＿＿＿＿＿＿＿＿＿＿＿＿＿＿＿＿＿＿。

六、估價條件：＿＿＿＿＿＿＿＿＿＿＿＿＿＿＿＿＿＿＿＿。

七、估價目的：

　　本次估價結果係做為勘估標的＿＿＿＿＿＿價值認定之參考，報告書中所載之價值僅限於該目的之參考，不適用於其他用途。該價格形成的主要基礎係以勘估標的能於目前不動產市場中，在合理的去化時間內可售出之價格。

八、 現況勘察情況說明：

（一） 領勘人及其說明：

　　　1. 現場領勘人為○○○，並進行勘估標的各樓層現況勘察。

　　　2. 領勘人說明事項：。

（二） 現場勘察參考資料：

（三） 勘察結論：

九、 估價資料來源說明：

　　　1. 不動產權利狀態係以○○年○○月○○日＿＿＿＿＿＿地政事務所核發之謄本為準。

　　　2. 不動產出租及買賣之相關契約文件影本係由委託人提供。

　　　3. 不動產近三年的營運收益資料及財務報表均由委託單位提供。

　　　4. 不動產個別條件及區域環境內容，係親自赴標的現場勘察，並依都市計畫及地籍等相關資料查證記錄之。

　　　5. 不動產價格評估依據，係於標的現場實際訪查交易、收益及成本資訊，並依估價師檔案資料共同整理而得。

　　　6. 不動產之地質、結構受損狀況、營造費用……等係參考○○專業技師出具之報告書。

參、價格形成之主要因素分析

一、 一般因素分析：

（一） 政策面：

（二） 經濟面：

二、 不動產市場概況分析：

（一） 不動產市場發展概況

（二） 不動產市場價格水準分析

三、 區域因素分析

（一） 區域描述：

（二） 近鄰地區土地利用情形：

（三） 近鄰地區建物利用情況：

（四） 近鄰地區之公共設施概況：

（五） 近鄰地區之交通運輸概況：

（六） 區域環境內之重大公共建設：

（七） 近鄰地區未來發展趨勢：

四、 個別因素分析

（一） 土地個別條件：

（二） 土地法定使用管制與其他管制事項：

（三） 土地利用情況：

    1. 土地是否有出租情形□是□否□委託人未告知，無法確定。

    2. 土地現況是否被他人占用□是□否□委託人未告知，無法確定。

    3. 土地是否有未登記之法定他項權利□是□否□委託人未告知，無法確定。

    4. 土地是否是否含現有巷□是□否□委託人未告知，無法確定。

5. 土地是否有高壓電塔等嫌惡設施經過等□是□否□委託人未告知，無法確定。

6. 土地是否含法定空地□是□否□委託人未告知，無法確定。

（四）建物個別條件：

1. 建物面積：勘估標的各層建物面積如下表：

門牌（樓層）	面積（坪）

2. 結構：_____。

3. 建築型態：_____。

4. 建築樓層：_____。

5. 格局：_____。

6. 屋齡：_____。

7. 隔間：_____。

8. 座向：_____。

9. 通風採光：_____。

10. 外牆建材：_____。

11. 天花板：_____。

12. 地板：_____。

13. 門窗：_____。

14. 衛浴：_____。

15. 室內設備：_____。

16. 公設比：＿＿＿＿＿＿＿＿＿＿＿＿＿＿＿＿＿＿。

17. 電梯設備：＿＿＿＿＿＿＿＿＿＿＿＿＿＿＿＿＿。

18. 自動化設備：＿＿＿＿＿＿＿＿＿＿＿＿＿＿＿。

（說明）：上述項目得依實際狀況增刪。

（五）建物登記用途與使用現況：

1. 建物登記用途與現況用途：

門牌（樓層）	登記用途	現況用途

2. 整棟大樓使用型態：＿＿＿＿＿＿＿＿＿＿＿＿＿。

3. 空屋率：＿＿＿＿＿＿＿＿＿＿＿＿。

4. 使用權屬：＿＿＿＿＿＿＿＿＿＿＿＿。

5. 勘估標的室內維護保養與使用情況：＿＿＿＿＿＿＿＿＿＿＿。

6. 建物管理現況分析：＿＿＿＿＿＿＿＿＿＿＿。

7. 改建、增建情形：＿＿＿＿＿＿＿＿＿＿＿。

8. 車位是否有分管協議及圖說□是□否□委託人未告知，無法確定。

9. 建物是否有漏水□是□否□委託人未告知，無法確定。

10. 建物是否做過輻射屋檢測海砂屋檢測□是□否□委託人未告知，無法確定。

11. 建物是否曾發生凶殺或自殺致死情事□是□否□委託人未告知，無法確定。

12. 屋內自來水及排水系統是否正常□是□否□委託人未告知，無法確定。

13. 建物是否出租之情形□是□否□委託人未告知，無法確定。

14. 建物是否被他人占用□是□否□委託人未告知，無法確定。

15. 建物是否占用他人土地□是□否□委託人未告知，無法確定。

16. 建物是否有約定專用之協議□是□否□委託人未告知，無法確定。

17. 建物是否有其他附屬設備□是□否□委託人未告知，無法確定。

18. 所有權人是否有積欠管理費狀況□是□否□委託人未告知，無法確定。

（說明）：上述項目得依實際狀況增刪。

（六） 公共設施便利性：

（七） 建物與基地及週遭環境適合性分析：

五、 最有效使用分析：

（一） 假設勘估標的為空地狀態之最有效使用分析：

（二） 勘估標的為已有建物之最有效使用分析：

六、 勘估標的土地增值稅預估：

肆、價格評估

一、估價方法之選定：

二、價格評估過程：

（一） 比較法評估過程：

    1. 比較標的條件分析：

項目	比較標的一	比較標的二	比較標的三
地址			
價格型態			
交易價格			
勘察日期			

項目	比較標的一	比較標的二	比較標的三
價格日期			
使用分區			
建築樓層			
比較標的樓層			
屋齡			
面積			
結構			
臨路情況(M)			
交通條件 (以勘估標的為準)			
公共設施 (以勘估標的為準)			
整體條件 (以勘估標的為準)			
議價空間(%)			
預估可能成交價格			
備註			

2. 勘估標的與比較標的區域因素比較調整分析表：

主要 項目	次要 項目	勘估 標的	比較 標的一	調整 百分率	比較 標的二	調整 百分率	比較 標的三	調整 百分率
交通運輸								

主要項目	次要項目	勘估標的	比較標的一	調整百分率	比較標的二	調整百分率	比較標的三	調整百分率
自然條件								
公共設施								
發展潛力								
區域因素調整百分率								

（說明）：

1. 上述主要項目下，估價師可細分為數個次要項目進行調整，其中交通運輸條件包括主要道路寬度、捷運之便利性、公車之便利性、鐵路運輸之便利性、交流道之有無及接近交流道之程度等；自然條件可分為景觀、排水之良否、地勢傾斜度、災害影響等；公共設施條件可包括學校(國小、國中、高中、大專院校)、市場(傳統市場、超級市場、超大型購物中心)、公園、廣場、徒步區、觀光遊憩設施、服務性設施(郵局、銀行、醫院、機關等設施)；發展潛力條件可包括區域利用成熟度、重大建設計畫及發展趨勢等，估價師並可依實際需求調整次要項目內容。

3. 勘估標的與比較標的個別因素比較調整分析表

建坪計價之個別因素比較調整分析表

主要項目	次要項目	勘估標的	比較標的一	調整百分率	比較標的二	調整百分率	比較標的三	調整百分率
建物個別條件								
道路條件								
接近條件								

主要項目	次要項目	勘估標的	比較標的一	調整百分率	比較標的二	調整百分率	比較標的三	調整百分率
週邊環境條件								
個別因素調整百分比率								

（說明）：

1. 上述主要項目下，估價師可細分為數個次要項目進行調整，其中建物個別條件包括建物結構、屋齡、總價與單價關係、面積適宜性、採光景觀、產品適宜性、樓層位置、內部公共設施狀況、騎樓狀況、管理狀況、使用限制、建材、建築設計等；道路條件可分為道路寬度、道路鋪設道路種別(人行道、巷道、幹道)等；接近條件可包括接近車站之程度、接近學校之程度、(國小、國中、高中、大專院校)、接近市場之程度(傳統市場、超級市場、超大型購物中心)、接近公園之程度、接近停車場之程度等；週邊環境條件可包括地勢、日照、嫌惡設施有無、停車方便性等。估價師並可依實際需求調整次要項目內容。

土地計價之個別因素比較調整分析表

主要項目	次要項目	勘估標的	比較標的一	調整百分率	比較標的二	調整百分率	比較標的三	調整百分率
宗地個別條件								

主要項目	次要項目	勘估標的	比較標的一	調整百分率	比較標的二	調整百分率	比較標的三	調整百分率
行政條件								
道路條件								
接近條件								
週邊環境條件								
個別因素調整百分比率								

1. 上述主要項目下，估價師可細分為數個次要項目進行調整，其中宗地個別條件包括總價與單價關係、寬深度比、形狀、地勢臨路情形、面積與規劃潛力關係、臨地使用等；行政條件包括使用分區與編訂、建蔽率、可建容積率、禁限建之有無等；道路條件可分為道路寬度、道路鋪設道路種別(人行道、巷道、幹道)等；接近條件可包括接近車站之程度、接近學校之程度、(國小、國中、高中、大專院校)、接近市場之程度(傳統市場、超級市場、超大型購物中心)、接近公園之程度、接近停車場之程度等；週邊環境條件可包括地勢、日照、嫌惡設施有無、停車方便性等，估價師並可依實際需求調整次要項目內容。

4. 勘估標的與比較標的總調整率表：

項目	比較標的一	比較標的二	比較標的三
交易價格			
價格型態			
情況因素 調整百分率			
情況因素 調整後價格			
價格日期 調整百分率			
價格日期 調整後價格			
區域因素 調整百分率			
區域因素 調整後價格			
個別因素 調整百分率			
試算價格			
比較標的 加權數			

項目	比較標的一	比較標的二	比較標的三
加權數 計算後金額			
最後推定 比較價格			

5. 比較價格結論：

(1) 區分建物樓層別效用比決定：

各樓層價格決定：依決定之樓層別效用比評估各樓層價格如下表：

門牌	面積(坪)	效用比	單價(元/坪)	總價(元)	備註 （效用比說明）

(2) 土地比較價格結論

（二）收益法之直接資本化法評估過程：

1. 正常租金評估：

2. 總收入推估：

3. 有效總收入推估：

4. 總費用推估：

5. 淨收益推估：

6. 收益資本化率推估：

7. 收益價格評估：

（三） 收益法之折現現金流量分析評估過程：

1. 分析期間假設：

2. 總收入分析：

3. 有效總收入推估

4. 總費用推估：

5. 折現率推估：

6. 期末價值推估：

（四） 成本法評估過程：

1. 土地價格：

2. 直接成本：

3. 其他間接成本：
   (1) 規劃設計費
   (2) 管理費
   (3) 廣告銷售費
   (4) 稅捐及其他負擔

4. 資本利息綜合利率

5. 投資開發利潤率

6. 總成本價格

（五） 成本法之土地開發分析法評估過程：

1. 勘估標的可建築總樓地板面積分析：
   (1) 勘估標的個別條件分析：

(2) 建築及土地使用管制等相關法規限制：

(3) 可建總樓地板面積推估：

依上述之土地使用管制規定，參考建築技術規則推估可能最大樓地板面積如下：

甲、興建樓層數：＿＿＿＿＿＿＿＿＿＿＿＿＿＿＿＿＿。

乙、地面層面積：＿＿＿＿＿＿＿＿＿＿＿＿＿＿＿＿＿。

丙、主建物面積：＿＿＿＿＿＿＿＿＿＿＿＿＿＿＿＿＿。

丁、附屬建物及梯廳面積：＿＿＿＿＿＿＿＿＿＿＿＿＿。

戊、地下室面積：＿＿＿＿＿＿＿＿＿＿＿＿＿＿＿＿＿。

己、屋頂突出物面積：＿＿＿＿＿＿＿＿＿＿＿＿坪。

庚、平面停車位：＿＿＿＿＿＿＿＿＿＿＿＿＿位。

2. 總銷售金額評估：

(1) 近鄰地區預售價格分析：

(2) 依上述比較個案，推估目前該基地若推出純辦大樓產品市場價格評估如下：

甲、地面層單價約：＿＿＿＿＿＿＿＿＿＿元／坪。

乙、二樓以上各樓層單價約：＿＿＿＿＿＿元／坪。

丙、平面式停車位單價約：＿＿＿＿＿＿＿元／個。

丁、機械式停車位單價約：＿＿＿＿＿＿＿元／個。

3. 總銷售金額推估：

4. 各項成本費用推估：

5. 推估土地開發分析價格：

三、價格決定理由：

四、價格結論：

新臺幣＿＿＿＿＿＿＿＿＿＿＿＿＿＿＿＿＿＿元。

附錄 E　都市更新權利變換不動產估價報告書範本及審查注意事項

中華民國不動產估價師公會全國聯合會第六號公報—不動產估價技術公報

96 年 01 月 24 日-97 年 12 月 16 日經本會研究發展委員會十一次會議討論修正

96 年 08 月 21 日邀請內政部等產官學界共同舉辦座談會討論修正

96 年 10 月 25 日-98 年 03 月 16 日出席臺北市都市更新處六次審查會議討論修正

97 年 05 月 27 日舉辦「臺北市都市更新權利變換不動產估價報告書範本及審查注意事項」說明會

98 年 01 月 15 日第二屆第五次理監事聯席會議通過

105 年 08 月 30 日第四屆第五次理監事聯席會議通過

注意須知：

一、 版面格式及內容相關數字

1. 報告書以 A4 紙張雙面列印製作、內容字體最小為 14，且表格內字體最小為 10，表格若較大則以 A3 紙張製作但要折頁，且報告書內表格勿任意調整位置。

2. 更新前權利價值比例應表現到小數點後六位，例如 12.3456%或 0.123456。

3. 應請委託人提供與權利變換報告書中一致之土地或建物面積。

二、 關於委託合約應注意事項

合約內應載明委託者應提供資料及不動產估價師工作內容

1. 委託者應提供資料
   (1) 土地、建物登記（簿）謄本
   (2) 地籍圖謄本
   (3) 建物測量成果圖（視實際需要加以調整）
   (4) 更新後建築規劃設計圖說
   (5) 更新後建材設備說明書
   (6) 載有估價條件之合約或函件
   (7) 勘估標的出租租約（視實際需要加以調整）

　　2. 不動產估價師工作內容

　　　(1) 更新前土地所有權人及權利變換關係人之權利價值及權利價值比例。

　　　(2) 更新後供分配之建築物及其土地應有部分面積之權利價值。

三、都市更新權利變換不動產估價報告書內容注意須知

　　1. 詳見不動產估價報告書範本。

　　2. 不動產估價報告書作為權利變換計畫報告書附錄時，以不動產估價摘要作為內容並以 A3 紙張製作。

　　3. 緣個人資料保護法施行，報告書中所載之比較標的之地號、建號及門牌號碼，應以去識別化、區段化方式呈現；惟送審之報告書仍應詳載具體標示資訊或另以附錄方式呈現具體標示資訊。

○○市○○區○○段○○小段
○○地號等○○筆土地

都市更新權利變換

不動產估價報告書

《注意須知》報告書封面標題應與事業及權利變換計畫書一致

委託人：○○股份有限公司或更新會

估價單位：○○不動產估價師事務所

○○不動產估價師聯合事務所

版本：例如送件版、幹事版、委員會版

出件日期：中　華　民　國　○　○　年　○　○　月　○　○　日

都市更新權利變換不動產估價報告書摘要

一、 不動產估價報告書案號及都市更新案號：

（一） 不動產估價報告書事務所案號：

（二） 不動產估價報告書都市更新案號：

二、 委託人：

　　　　《注意須知》委託人應為實施者。

三、 勘估標的基本資料：

　　　更新單元名稱：

（一） 更新前基本資料

　　　1. 勘估標的內容：
　　　　　(1) 土地標示：＿＿＿＿＿＿＿＿＿＿＿＿＿。
　　　　　(2) 建物標示：＿＿＿＿＿＿＿＿＿＿＿＿＿。
　　　　　(3) 評估的權利種類：都市更新權利變換之權利價值。

　　　2. 產權分析：

注意須知：

　　　應依據委託者所提供之產權清冊辦理。

　　　　　(1) 所有權人及權利範圍：

表一 　土地產權分析表

編號	地號	土地面積(m²)	所有權人	持分分子	持分分母	土地持分面積(m²)	土地持分面積(坪)	登記建號	備註

表二 建物產權分析表

編號	建號	地號	主建物面積(m²)	附屬建物(m²)	總面積(m²)	建物門牌	所有權人	持分	權利面積(坪)	樓層數/總樓層數	構造別	建築完成日期(民國/月/日)	備註

注意須知：

　　目前政府機關已公開除土地及建物登記資訊外尚有其他不動產資訊，例：臺北市政府的土地參考資訊、行政院原子能委員會的輻射鋼筋屋資訊及行政院環境保護署的土地汙染資訊等，估價師應調查並於土地及建物產權分析表備註欄內加註。

　　　　(2) 他項權利及耕地三七五租約：設有抵押權○○筆，金額合計○○元；設有地上權○○筆，金額合計○○元。

表三 他項權利分析及耕地三七五租約表

項目	權利種類	順位	設定標的	設定日期	權利價值(元)	權利人

　　　　(3) 依土地或建物登記(簿)謄本上登載勘估標的於民國○○年○○月○○日受○○地方法院或○○機關申請假扣押、查封、預告登記等限制登記情事，應請使用報告書者注意。

　　3. 建築型式：＿＿＿＿＿＿＿＿。

（二）更新後基本資料

　　1. 建築型式：地上　　　　層，地下　　　　層之　　　　大樓。

　　2. 更新後供分配之建築物及其土地應有部分面積：

注意須知：

(1) 面積應請委託人提供更新後預計產權登記面積。

(2) 僅說明更新後總面積即可，其餘各單元面積則詳見○頁附表五）

　　3. 建物構造：＿＿＿＿＿＿＿。

（三）　評估內容：

　　　　更新前後權利價值

注意須知：

　　(1) 更新前土地所有權人及權利變換關係人之土地權利價值及土地權利價值比例。

　　(2) 更新後供分配之建築物及其土地應有部分面積之權利價值。

四、　估價前提：

（一）　估價目的：都市更新權利變換價值參考。

（二）　價格種類：正常價格。

（三）　價格日期：民國〇〇年〇〇月〇〇日。

（四）　勘察日期：民國〇〇年〇〇月〇〇日。

（五）　估價條件：

　　　　依委託者提供民國〇〇年〇〇月〇〇日〇〇號函或合約載明估價條件如下：

　　　　1.　更新前估價條件

　　　　2.　更新後估價條件

注意須知：

　　　　應檢具委託者發文函件或於合約書內載明，估價條件變動時亦同。

五、　評估價值結論：

　　　　經本所估價師針對勘估標的進行產權、一般因素、區域因素、個別因素、不動產市場現況及勘估標的依最有效使用情況下，與專業意見分析後，最終價格決定如下。

（一）　更新前土地權利價值總額：新臺幣＿＿＿＿＿＿元（詳見表四）

（二）　更新後建築物及其土地應有部分權利價值總額：新臺幣＿＿＿＿＿＿元（詳見表五）

以上評估結果僅適用於勘估標的於都市更新權利變換估價目的下之價值參考。另使用本估價報告書者，請詳閱報告內容所載之基本聲明事項、限制條件、基本事項說明及估價條件，以避免估價結果之誤用。

不動產估價師： （簽名或蓋章）

不動產估價師開業證書字號：

地方公會會員證書字號：

表四　　更新前土地權利價值表

編號	土地所有權人及權利變換關係人	權利價值來源說明及地號	更新前土地權利價值(元)	更新前土地權利價值合計(元)	更新前土地權利價值比例(%)
1					
2					
總計					100%

注意須知：

更新前權利價值比例應表現到小數點後六位，例如 12.3456%。

表五　　更新後各單元建築物及其土地應有部分之權利價值表

分配單元代號	規劃用途	土地持分面積(坪)	建坪面積(坪)	建坪單價(元/坪)	權利價值(元)	備註
總計						

注意須知：

上開建築分配單元如有約定專用之露臺者，以外加露臺之價值方式處理，於該分配單元之備註欄敘明『露臺之單價、面積、總價』。

表六 更新後車位權利價值表

車位編號	樓層層次	車位形式及大小	車位權利價值 (元)	備註
	地下一層	例如：坡道平面(大)		
	地下一層	例如：坡道平面(小)		
	地下二層	例如：坡道機械(大)		
	地下二層			
	總計			

表七 更新前後權利價值分析表

	比準地土地價格(元/坪)	比準地土地總價(元)	整體更新單元土地權利單價(元/坪)	整體更新單元土地權利總價(元)
更新前				
	地面層平均建坪單價(元/坪)	二樓以上平均建坪單價(元/坪)	車位平均價格(元/個)	更新後總權利價值(元)
更新後				

注意須知：

　　更新後權利價值分析，應視實際建築設計及規劃用途等，適當調整分析內容。

壹、序言

一、估價立場聲明

（一）我方以公正第三人立場進行客觀評估。

（二）我方與委託單位及受勘估單位僅為單純業務往來關係。

（三）本事務所及本所估價師與委託單位、不動產所有權人或交易雙方僅為單純之業務關係，並無財務會計準則公報第六號所定之關係人或實質關係人之情事。

（四）本報告書所載內容絕無虛偽或隱匿之情事。

（五）本報告書中之分析意見及結論，係基於報告書中所假設及限制條件下成立；此等分析意見及結論是屬個人中立之專業評論。

（六）我方對於本標的無現有或可預期的利益；對於與本標的相關的權利關係人，我方亦無個人私利或偏見。

（七）我方收取之報酬，係基於專業勞務之正當報酬、不為不正當之競價；亦絕不刻意扭曲合理估價之結果。

二、估價報告書基本聲明事項

本估價報告書，係在下列基本假設條件下製作完成：

（一）除非報告書中有特別聲明，勘估標的之所有權視為是正常狀態、且具市場性。

（二）除非報告書中有特別聲明，評估結論是在未考慮不動產抵押權或其他權利設定的情況下進行的。

（三）報告書中引用他人提供之資訊經估價師盡力查證後認為是確實可靠的。

（四）勘估標的中的土地及其地上物之結構於報告書中被認為屬一般正常情形，無任何隱藏或未被發現之影響該不動產價值條件。

（五）除非估價報告書中有特別聲明，所評估的不動產均被認為符合環境保護相關法規之規定，而未受到任何限制事項。

（六）除非在估價報告書中有特別聲明，勘估標的可能存在或不存在的危險因子，不列入估價師的勘察範圍之內。不動產估價師並不具備了解不動產內部成分或潛在危險的知識能力，也沒有資格檢測這種物質；石棉、尿素、胺／甲醛泡沫絕緣體等類材料及其他潛在的危險材料的存在，可能會影響不動產的價值。估價報告書中的假設前提，是勘估標的中沒有這些會導致價值降低的材料。估價報告書對於這些情況、及用於發現此等狀況的專業或工程知識不負責任。如有需要，估價報告書使用者須另聘這一類領域的專家進行分析。

三、估價報告書使用之限制條件

本估價報告書使用之一般限制條件如下：

（一）本估價報告書評估結果僅適用都市更新權利變換估價目的限制下參考，估價目的變更可能使該估價金額發生改變。因此，本報告書無法適用於其他估價目的下之參考使用。

（二）本估價報告書評估結果係在實施者提供之估價條件下形成，委託人或使用報告書者應了解估價報告書中所載之估價條件，以避免誤用本估價報告書所載之估價金額。

（三）本估價報告書評估結果為價格日期當時權利變換價值之參考，價格日期變動時，評估結果可能產生變動。

（四）在本估價報告書中總價值分配至土地、改良物之間的價值，只適用於估價報告書中所提及的項目下；分配的價值不能使用於其他任何估價中。

（五）本估價報告書或估價報告書複本的持有者，無出版本估價報告書的權利。

（六）在沒有經過估價師書面同意的情況下，估價報告書的全部或其中某部份內容（尤其是估價結論、估價師身分、估價師所屬的事務所）不得經由廣告、公共關係、新聞、銷售或其他傳播媒體公諸於眾。

（七）估價報告書評估結果僅適用於整個不動產的估價。除非在估價報告書中另有聲明，否則，任何將整個受估不動產價值按權利比例劃分或其他方式劃分，都將使本估價報告書中的估價結果無效。

（八） 估價報告書中的預測、預估或經營結果估計，乃立基於當前市場條件、預期短期需求及供給因素、與連續穩定的經濟基礎上。因此，這些預測將隨著將來條件的不同而改變。

（九） 本報告書各項資料提供委託人作為權利變換價值依據，報告書使用者使用本報告書致違反個人資料保護法，應自負損害賠償責任及法律責任。

貳、估價基本事項說明

一、 委託人：＿＿＿＿＿＿＿＿＿。

《注意須知》委託人應為實施者。

二、 勘估標的之基本資料：

更新單元名稱：

（一） 更新前基本資料

1. 勘估標的內容：
   (1) 土地標示：＿＿＿＿＿＿＿＿。
   (2) 建物標示：＿＿＿＿＿＿＿＿。
   (3) 評估的權利種類：都市更新權利變換之權利價值。

2. 產權分析：

《注意須知》應依據委託者所提供之產權清冊辦理。

(1) 所有權人及權利範圍：

表一 土地產權分析表

編號	地號	土地面積(m²)	所有權人	持分分子	持分分母	土地持分面積(m²)	土地持分面積(坪)	登記建號	備註

建物產權分析表

編號	建號	地號	主建物面積 (㎡)	附屬建物 (㎡)	總面積 (㎡)	建物門牌	所有權人	持分	權利面積 (坪)	樓層數/總樓層數	構造別	建築完成日期 (民國/月/日)	備註

　　《注意須知》目前政府機關已公開除土地及建物登記資訊外尚有其他不動產資訊，例：臺北市政府的土地參考資訊、行政院原子能委員會的輻射鋼筋屋資訊及行政院環境保護署的土地汙染資訊等，估價師應調查並於土地及建物產權分析表備註欄內加註。

　　　　(2) 他項權利及耕地三七五租約：設有抵押權〇〇筆，金額合計〇〇元；設有地上權〇〇筆，金額合計〇〇元。

表三　　他項權利分析及耕地三七五租約表

項目	權利種類	順位	設定標的	設定日期	權利價值(元)	權利人

　　　　(3) 依土地或建物登記(簿)謄本上登載勘估標的於民國〇〇年〇〇月〇〇日受〇〇地方法院或〇〇機關申請假扣押、查封、預告登記等限制登記情事，應請使用報告書者注意。

　　3.　建築型式：＿＿＿＿＿＿＿＿。

（二）更新後基本資料

　　1.　建築型式：地上＿＿＿＿層，地下＿＿＿＿層之＿＿＿＿大樓。

　　2.　更新後供分配之建築物及其土地應有部分面積：

　　《注意須知》

(1) 面積應請委託人提供更新後預計產權登記面積。

(2) 僅說明更新後總面積即可，其餘各單元面積則詳見〇〇頁附表五)

　　3.　建物構造：＿＿＿＿＿＿＿＿。

（三）　評估內容：

更新前後權利價值

《注意須知》

(1) 更新前土地所有權人及權利變換關係人之土地權利價值及土地權利價值比例。

(2) 更新後供分配之建築物及其土地應有部分面積之權利價值。

三、估價目的：

本次估價目的係做為勘估標的都市更新權利變換價值認定之參考，報告書中所載之價值僅限於該目的之參考，不適用於其他用途。

該價格形成基礎主要考慮公平、均衡之原則，提供勘估標的權利變換分配價值之參考。

四、價格種類：正常價格。

五、價格日期：＿＿＿＿＿＿＿＿＿＿＿。

六、勘察日期：＿＿＿＿＿＿＿＿＿＿＿。

七、估價條件：

依委託者提供民國○○年○○月○○日○○號函或合約載明估價條件，如下：

（一）　更新前估價條件(二)更新後估價條件

《注意須知》應檢具委託者發文函件或於委託合約書內載明，估價條件變動時亦同。

八、現況勘察情況說明：

（一）　領勘人及其說明：

1. 現場領勘人為○○○，並進行勘估標的現況勘察。

2. 領勘人說明事項：

（二）　現場勘察參考資料：

（三）　勘察結論：

《注意須知》若委託人未領勘，則依不動產估價技術規則第十三條規定，應於不動產估價報告書中敘明。

九、 估價資料來源說明：

（一） 不動產權利狀態係以委託人提供之土地及建物產權清冊或○○年○○月○
○日＿＿＿＿＿＿地政事務所核發之謄本、謄本影本或電子謄本為準。

（二） 不動產出租及買賣之相關契約文件影本係由委託人提供。

（三） 不動產近三年的營運收益資料及財務報表均由○○○提供。

（四） 不動產個別條件及區域環境內容，係親自赴標的現場勘察，並依都市計畫
及地籍等相關資料查證記錄之。

（五） 不動產價格評估依據，係於標的現場實際訪查交易、收益及成本資訊，並
依估價師檔案資料共同整理而得。

（六） 不動產之地質、結構受損狀況、營造費用……等係參考○○專業技師出具
之報告書。

參、價格形成之主要因素分析

一、一般因素分析

（一） 政策面
（二） 經濟面

二、不動產市場概況分析

（一） 不動產市場發展概況
（二） 不動產市場價格水準分析

三、區域因素分析

（一） 區域描述：
（二） 近鄰地區土地利用情形：
（三） 近鄰地區建物利用情況：
（四） 近鄰地區之公共設施概況：
（五） 近鄰地區之交通運輸概況：

（六） 區域環境內之重大公共建設：

（七） 近鄰地區未來發展趨勢：

四、個別因素分析

（一） 土地個別因素

   1. 土地個別條件：

     （1）更新前

       A. 整體更新單元

       B. 更新前個別土地

     （2）更新後

   2. 土地法定使用管制與其他管制事項：

《注意須知》如遇都市計畫變更時，應說明更新前後情形

   3. 土地利用情況：

《注意須知》土地利用情況以現況描述為準，應注意土地現況是否被他人占用、土地是否含現有巷、土地是否有高壓電塔等嫌惡設施經過等並加以說明。

（二） 建物個別因素

   1. 建物個別條件：

     （1）更新前合法建物個別條件：

《注意須知》若有下列情形時應於本表其他足以影響價格之因素欄位內敘明，例如約定專用建物使用權屬、地下室或附屬建物未登記、法定用途與現況用途不同、附屬建物過大過小、公共設施過大過小、合併利用(例如一樓店面前後合併)等情形。

表四 合法建物個別條件分析表

建號	門牌 （樓層）	面積 （坪）	構造	建築 型態	建築 樓層	登記 用途	現況 用途	格局	屋齡	座向	通風 採光	外牆 建材	公設比	電梯 設備	其他足以 影響價格 之因素	備註
																室內建材，以一般正常裝潢情況評估。

(2) 更新後建物個別條件

    A. 建物建築型式：

    B. 建物構造：

    C. 建材設備：

    D. 更新後供分配之建築物及其土地應有部分面積：

表五　更新後供分配之建築物及其土地應有部分面積表

分配單元代號	土地應有部份		建物面積			
	總面積（㎡）	權利範圍	主建物（㎡）	附屬建物（㎡）	共同使用（㎡）	合計（㎡）
總計						

《注意須知》面積應為更新後預計產權登記面積。

    E. 建物其他個別條件：

表六　更新後建物規劃用途表

分配單元代號	總面積	規劃用途	格局	座向	通風採光

五、勘估標的最有效使用分析：

《注意須知》指更新後是否最有效使用分析。

肆、價格評估

一、更新前權利價值評估

（一）價值評估過程

　　1. 更新單元內各宗土地劃定

　　2. 更新前土地價值評估

《注意須知》

(1) 更新前土地權利價值，容積一項估價原則如下：

A. 土地原則以法定容積作為評估依據，但有下列情況時，依下列說明評估。

　　更新前土地因相關法令得給予個別土地獎勵容積或移入容積時，則更新前土地權利價值應考量該容積作為評估依據，但應在不影響更新單元內其他土地對其他容積獎勵分享權利之原則下，進行獎勵容積折減評估之。

　　例如：以臺北市為例

　　以原容積為例：更新前土地原容積高於法定容積且於事業計畫申請該原容積獎勵時，更新前土地權利價值依原容積作為評估依據，但應在不影響更新單元內其他土地對其他容積獎勵分享權利之原則下，進行原容積折減評估之。

　　前項原容積折減，得於合併前各宗土地比較項目調整項內增加「原容積率或其他獎勵容積率」一項因子進行調整。

　　折減之調整方式例舉如下（本案例相關數字均屬模擬試算用，非真實都更案例數字）：

　　更新單元內 A、B 兩筆土地，A 土地面積 $350m^2$，原容積 250%，法定容積 225%；B 土地面積 $1,250m^2$ 法定容積率 225%，無原容大於法容狀況。更新獎勵值如下：

項目	獎勵容積率
△F1	整體法容的 2.43% (A 基地法容的 11.11%)
△F3	7%
△F4-2	5%
△F5	16%
合計	30.43%

宗地別	基準價	臨路路寬	地形	面積大小	臨路條件	「原容積或其他獎勵容積調整率」	合計
A	150	3%	-5%	2%	-3%	8.59%(註)	105.7%
B	150	0%	0%	0%	0%	0%	100%

註：上表 8.59%計算式即

調整率 ＝ [(A基地原容÷比準地法容)-1]÷(1+不含原容之其他共享獎勵容積率)
　　　　　×單位容積邊際調整率

＝ [(250%÷225%)-1]÷(1+7%+5%+16%)×99%

＝ 11.11%÷(1.28)×99%

≒ 8.59%

單位容積邊際調整率：以土開法計算容積價值折減部分，原則上容積增加後，考量建築成本相對提高，前述調整率應向下修正，且由估價師依個案調整之。

B. 更新單元內更新前土地法定容積，應根據合併後更新單元個別條件情況，決定法定容積。

例如：依「臺北市土地使用分區管制自治條例」第十條及第二十五條所規定法定容積率上限為評估基準，但應檢視該更新單元整體開發下，是否有符合「臺北市土地使用分區管制自治條例」第十條及第二十五條所規定法定容積率上限之相關條件，若無法符合時，則應根據合併後更新單元個別條件情況，決定法定容積。

(1) 更新前土地權利價值，特殊情況估價原則如下：

A. 更新單元土地為協助開闢計畫道路用地之估價原則：考量道路用地依規定可申請容積獎勵時，對更新後總允建容積之整體貢獻度。

B. 更新單元土地為既成巷道估價原則：

a. 更新後規劃設計既成巷道可廢巷時：依各縣市審議通案原則辦理。

b. 更新後規劃設計既成巷道不可廢巷時：應考量不可廢巷因素對土地價格影響，並於合併前土地價值推估中增加”不可廢巷“之調整項目。

C. 更新單元土地為已分割具獨立地號的法定空地估價原則：

a. 應先請委託人（實施者）先行確認該宗土地是否整宗均為法定空地，抑或尚有未用完容積率或建蔽率之可建或可分割之面積。

b. 若屬法定空地部分應採下列方式評估：

考量同一建築基地(同一使用執照)範圍合併評估，並視為未持有建物之有地無屋者，以整宗基地更新前整體價值扣除該建築基地整體地上建物

之合法建物所有權價值(合法建物所有權價值評估方式參酌本範本 45 頁)後，並考量該法定空地座落位置、個別條件修正評估之；或蒐集相關法定空地案例採市場比較法評估之。

3. 各宗土地上有區分所有建物時，各權利人土地權利價值評估。

4. 各權利變換關係人權利價值評估。

（二）更新單元內各宗土地劃定

《注意須知》

(1) 毗鄰數筆土地為同一所有權人情況下，得視為同一宗土地。

(2) 更新前數筆土地上有建物，且為同一張建築執照或使用執照時，原則得視為同一宗土地，惟若因之顯失公平者，可不視為同一宗土地，並應於估價條件中敘明。

前項視為同一宗土地前提下進行估價時，各筆土地地籍線已依據地上建築物之座落位置進行分割，得就該同一宗土地所得合併後土地地價，考量各筆土地個別條件分算地價之。

(3) 其他由委託人提供之劃分原則。

(4) 上述劃分原則因事關權利人權利價值甚大，應向委託人說明並提供經確認之書面資料後，載入估價條件中。

（三）更新前土地價值評估

《注意須知》本案對於「合併」一詞為整體開發之概念，並非指地政機關實質辦理合併之情況。

※步驟一：合併前各筆土地價值評估

1. 比準地之分析：說明選定理由及個別條件分析

《注意須知》

(1) 原則上比準地選定應以更新單元內土地為主，但如果該更新單元內土地因個別條件較差致無法建築使用時，得另行擬定一筆土地符合都市計畫及相關建築法令規定下可開發建築使用，作為比準地。

(2) 若更新單元情況特殊，而不需選定比準地時，則可不需選定比準地，但應敘明理由。

(3) 不動產估價師事務所應將上述原則向委託人、土地所有權人及權利變換關係人說明，並選定同一比準地，經委託人提供經確認之書面資料後，載入估價條件中。

2.比準地估價方法之選定：比較法及土地開發分析法

《注意須知》應至少以兩種以上估價方法評估之。

3.比準地價格評估過程：

(1) 比較法評估過程：

A. 有關比較法評估過程，本事務所採百分率調整法評估之。

B. 百分率調整法係經比較標的與勘估標的各項個別因素及區域因素作一比較，並比較出各項因素之差異百分比率（超極優＞極優＞優＞稍優＞普通＞稍劣＞劣＞極劣＞超極劣），計算出勘估標的比較價格之方法。

C. 超極優＞極優＞優＞稍優＞普通＞稍劣＞劣＞極劣＞超極劣等條件之評定係以比較標的與勘估標的各項條件之客觀比較而來。以勘估標的為基準做比較。例如勘估標的商業效益寫為優，若比較標的寫為普通，則比較標的於商業效益一項因素應向上修正。

D. 對於比較案例之相關資料，本事務所已儘可能向資料提供者進行查證，如有不足係屬無法查證或查證有困難。

《注意須知》

(1) 比較標的應至少有一成交案例，且成交日期應至少距價格日期一年內，但若無距價格日期一年內之比較案例，得放寬超過一年，應敘明理由。

(2) 比較標的面積、容積等因素，應儘量相近，不宜以小透天跟大面積可開發土地作比較，若比較案例稀少，則不在此限，但應敘明理由。

E. 比較標的條件分析：

項目	勘估標的	比較標的一	比較標的二	比較標的三
地址				
價格型態				
交易價格				
勘察日期				
價格日期				
使用分區				
允建容積率				
地形				
地勢				
面積(坪)				
臨路情況(M)				

項目	勘估標的	比較標的一	比較標的二	比較標的三
臨路面寬(M)				
平均深度(M)				
項目	勘估標的	比較標的一	比較標的二	比較標的三
交通條件				
公共設施				
整體條件				
議價空間(%)				
預估可能成交價格				
備註				

F. 勘估標的與比較標的區域因素比較調整分析：

主要項目	次要項目	勘估標的	比較標的一	調整百分率	比較標的二	調整百分率	比較標的三	調整百分率
交通運輸								
	小計							
自然條件								
	小計							
公共設施								
	小計							
發展潛力								
	小計							
區域因素調整百分率								

《注意須知》

(1) 比較標的在近鄰地區以外者，應檢討區域因素修正，而近鄰地區範圍由估價師視該地區實際發展調整之。

(2) 上述表格主要項目下，估價師可細分為數個次要項目進行調整，其中交通運輸條件包括主要道路寬度、捷運之便利性、公車之便利性、鐵路運輸之便利性、交流道之有無及接近交流道之程度等；自然條件可分為景觀、排水之良否、地勢傾斜度、災害影響等；公共設施條件可包括學校(國小、國中、高中、大專院校)、市場(傳統市場、超級市場、超大型購物中心)、公園、廣場、徒步區、觀光遊憩設施、服務性設施(郵局、銀行、醫院、機關等設施)；發展潛力條件可包括區域利用成熟度、重大建設計畫及發展趨勢等;估價師並可依實際需求調整次要項目內容。

G. 勘估標的與比較標的個別因素比較調整分析：

主要項目	次要項目	勘估標的	比較標的一	調整百分率	比較標的二	調整百分率	比較標的三	調整百分率
宗地個別條件	總價與單價關係							
	寬深度比							
	形狀							
	地勢							
	臨路情形							
	面積與規劃潛力關係							
	鄰地使用							
	小計							
行政條件	使用分區							
	建蔽率							
	可建容積率							
	禁限建之有無							
	小計							
道路條件	道路寬度							
	道路鋪設							
	道路種別（人行道、巷道、幹道）							
	小計							

主要項目	次要項目	勘估標的	比較標的一	調整百分率	比較標的二	調整百分率	比較標的三	調整百分率
接近條件	接近車站之程度							
	接近學校之程度（國小、國中、高中、大專院校）							
	接近市場之程度（傳統市場、超級市場、超大型購物中心）							
	接近公園之程度							
	接近停車場之程度							
	小計							
週邊環境條件	地勢							
	日照							
	嫌惡設施有無							
	停車方便性							
	小計							
個別因素調整百分比率								

《注意須知》上述表格主要項目下，估價師可細分為數個次要項目進行調整，其中宗地個別條件包括總價與單價關係[1]、寬深度比、形狀、地勢、臨路情形、面積與規劃潛力關係、鄰地使用等；行政條件包括使用分區與編定、建蔽率、可建容積率、禁限建之有無等；道路條件可分為道路寬度、道路鋪設、道路種別(人行道、巷道、幹道)等；接近條件可包括接近車站之程度、接近學校之程度(國小、國中、高中、大專院校)、接近市場之程度(傳統市場、超級市場、超大型購物中心)、接近公園之程度、接近停車場之程度等；周邊環境條件可包括地勢、日照、嫌惡設施有無、停車方便性等，估價師並可依實際需求增加次要項目內容，並敘明理由。

---

[1] 總價與單價關係是基於市場上一般交易習慣，當交易標的金額或數量較高時，成交單價會稍低。但交易標的為土地時，除依市場交易習慣外，仍應該考慮土地的面積與規劃潛力因素，評估土地合理價格。

H. 勘估標的比較價格之推定：

項　　目	比較標的一	比較標的二	比較標的三
交易價格			
價格型態			
情況因素 調整百分率			
情況因素 調整後價格			
價格日期 調整百分率			
價格日期 調整後價格			
區域因素 調整百分率			
區域因素 調整後價格			
個別因素 調整百分率			
試算價格			
比較標的 加權數			
加權數計 算後金額			
最後推定 比較價格			

  I. 比較價格結論：

(2) 土地開發分析法評估過程：

  A. 勘估標的可建築總樓地板面積分析：

   a. 勘估標的個別條件分析：

   b. 建築及土地使用管制等相關法規限制：

   c. 可建總樓地板面積推估：

    依上述之土地使用管制規定，參考建築技術規則推估可能最大樓地板面積如下：

    （甲） 興建樓層數：＿＿＿＿＿＿＿＿＿＿＿＿＿層。

    （乙） 地面層面積：＿＿＿＿＿＿＿＿＿＿＿＿坪。

    （丙） 主建物面積：＿＿＿＿＿＿＿＿＿＿＿＿坪。

    （丁） 附屬建物及梯廳面積：＿＿＿＿＿＿＿＿坪。

    （戊） 地下室面積：＿＿＿＿＿＿＿＿＿＿＿＿坪。

    （己） 屋頂突出物面積：＿＿＿＿＿＿＿＿＿＿坪。

    （庚） 平面停車位或機械車位：＿＿＿＿＿＿＿位。

  B. 勘估標的總銷售樓地板面積推估：

《注意須知》樓地板面積應以推估之銷售面積為準，而非建築樓地板面積。

  C. 總銷售金額評估：

   a. 近鄰地區新成屋及預售屋價格分析：

   b. 依上述比較個案，推估目前該基地若推出○○產品市場價格評估如下：

    （甲）地面層單價約：＿＿＿＿＿＿＿＿＿＿＿元/坪。

    （乙）二樓以上各樓層單價約：＿＿＿＿＿＿＿元/坪。

    （丙）平面式停車位單價約：＿＿＿＿＿＿＿元/個。

    （丁）機械式停車位單價約：＿＿＿＿＿＿＿元/個。

《注意須知》銷售金額應參酌新成屋價格或運用預售屋價格推估新成屋價格決定之，應依不動產估價技術規則第75條規定，以比較法或收益法求取之。

  D. 總銷售金額推估：

  E. 各項成本費用推估：

  F. 推估土地開發分析法價格：

4.比準地價格決定理由

5. 合併前各筆土地價值推估

　　《注意須知》(1)更新前土地權利價值，有關「容積」及「特殊情況」之估價原則應依本範本第 18~22 頁辦理。

　　(2) 合併前各筆土地價值推估，建議考量因素計有地形、地勢、臨路路寬、臨路面寬、臨路數量、平均寬深度、面積、容積比較、商業效益等，但各項因素仍得視實際需要調整之。

編號	基本資料			比較項目					比較項目調整率						合併前各筆土地價格		
	地號	所有權人	使用分區	面積（坪）	地形	臨路路寬(m)	臨路面寬(m)	平均寬深度	容積	面積(%)	地形(%)	臨路路寬(%)	臨路面寬(%)	容積(%)	合計(%)	比準地價格(元/坪)	合併前各筆土地價格(元/坪)	合併前各筆土地價值總額(元)
1	**																	
2	**																	
3	**																	
合計																		

6. 合併前各筆土地權利價值比例計算

※步驟二：合併後土地價格評估

1. 勘估標的分析：說明合併後土地基本條件

　　《注意須知》參照前述第 18~22 頁規定。

2. 估價方法之選定：比較法及土地開發分析法

　　《注意須知》應至少以兩種以上估價方法評估之。

3. 價格評估過程：

　　(1) 比較法評估過程：

　　　　A. 有關比較法評估過程，本事務所採百分率調整法評估之。

　　　　B. 百分率調整法係經比較標的與勘估標的各項個別因素及區域因素作一比較，並比較出各項因素之差異百分比率（超極優＞極優＞優＞稍優＞普通＞稍劣＞劣＞極劣＞超極劣），計算出勘估標的比較價格之方法。

C. 超極優＞極優＞優＞稍優＞普通＞稍劣＞劣＞極劣＞超極劣等條件之評定係以比較標的與勘估標的各項條件之客觀比較而來。以勘估標的為基準做比較。例如勘估標的商業效益寫為優，若比較標的寫為普通，則比較標的於商業效益一項因素應向上修正。

D. 對於比較案例之相關資料，本事務所已儘可能向資料提供者進行查證，如有不足係屬無法查證或查證有困難。

《注意須知》

(1) 比較案例應至少有一成交案例，且成交日期應至少距價格日期一年內，但若無距價格日期一年內之比較案例，得放寬超過一年，應敘明理由。

(2) 比較案例面積、容積等因素，應儘量相近，不宜以小透天跟大面積可開發土地作比較，若比較案例稀少，則不在此限但應敘明理由。

E. 比較標的條件分析：

項　　　目	勘估標的	比較標的一	比較標的二	比較標的三
地　　　址				
價格型態				
交易價格				
勘察日期				
價格日期				
使用分區				
允建容積率				
地　　　形				
地　　　勢				
面　　積(坪)				
臨路情況(M)				
臨路面寬(M)				
平均深度(M)				
交通條件				
公共設施				
整體條件				
議價空間(%)				
預估可能成交價格				
備　　　註				

F. 勘估標的與比較標的區域因素比較調整分析：

主要項目	次要項目	勘估標的	比較標的一	調整百分率	比較標的二	調整百分率	比較標的三	調整百分率
交通運輸								
	小計							
自然條件								
	小計							
公共設施								
	小計							
發展潛力								
	小計							
區域因素調整百分率								

《注意須知》

(1) 比較標的在近鄰地區以外者，應檢討區域因素修正，而近鄰地區範圍由估價師視該地區實際發展調整之。

(2) 上述表格主要項目下，估價師可細分為數個次要項目進行調整，其中交通運輸條件包括主要道路寬度、捷運之便利性、公車之便利性、鐵路運輸之便利性、交流道之有無及接近交流道之程度等；自然條件可分為景觀、排水之良否、地勢傾斜度、災害影響等；公共設施條件可包括學校(國小、國中、高中、大專院校)、市場(傳統市場、超級市場、超大型購物中心)、公園、廣場、徒步區、觀光遊憩設施、服務性設施(郵局、銀行、醫院、機關等設施)；發展潛力條件

可包括區域利用成熟度、重大建設計畫及發展趨勢等;估價師並可依實際需求調整次要項目內容。

G. 勘估標的與比較標的個別因素比較調整分析:

主要項目	次要項目	勘估標的	比較標的一	調整百分率	比較標的二	調整百分率	比較標的三	調整百分率
宗地個別條件	總價與單價關係							
	寬深度比							
	形狀							
	地勢							
	臨路情形							
	面積與規劃潛力關係							
	鄰地使用							
	小計							
行政條件	使用分區							
	建蔽率							
	可建容積率							
	禁限建之有無							
	小計							
道路條件	道路寬度							
	道路鋪設							
	道路種別(人行道、巷道、幹道)							
	小計							
接近條件	接近車站之程度							
	接近學校之程度(國小、國中、高中、大專院校)							
	接近市場之程度(傳統市場、超級市場、超大型購物中心)							
	接近公園之程度							
	接近停車場之程度							
	小計							

主要 項目	次要 項目	勘估 標的	比較 標的一	調整 百分率	比較 標的二	調整 百分率	比較 標的三	調整 百分率
週邊環境條件	地勢							
	日照							
	嫌惡設施有無							
	停車方便性							
	小計							
個別因素調整百分比率								

《注意須知》上述表格主要項目下，估價師可細分為數個次要項目進行調整，其中宗地個別條件包括總價與單價關係[2]、寬深度比、形狀、地勢、臨路情形、面積與規劃潛力關係、鄰地使用等；行政條件包括使用分區與編定、建蔽率、可建容積率、禁限建之有無等；道路條件可分為道路寬度、道路鋪設、道路種別（人行道、巷道、幹道）等；接近條件可包括接近車站之程度、接近學校之程度（國小、國中、高中、大專院校）、接近市場之程度（傳統市場、超級市場、超大型購物中心）、接近公園之程度、接近停車場之程度等；周邊環境條件可包括地勢、日照、嫌惡設施有無、停車方便性等，估價師並可依實際需求增加次要項目內容，並敘明理由。

H. 勘估標的比較價格之推定：

項　　　目	比較標的一	比較標的二	比較標的二
交易價格			
價格型態			
情況因素 調整百分率			
情況因素 調整後價格			

---

[2] 總價與單價關係是基於市場上一般交易習慣，當交易標的金額或數量較高時，成交單價會稍低。但交易標的為土地時，除依市場交易習慣外，仍應該考慮土地的面積與規劃潛力因素，評估土地合理價格。

項　　目	比較標的一	比較標的二	比較標的三
價格日期 調整百分率			
價格日期 調整後價格			
區域因素 調整百分率			
區域因素 調整後價格			
個別因素 調整百分率			
試算價格			
比較標的 加權數			
加權數計 算後金額			
最後推定 比較價格			

  I. 比較價格結論：

(2) 土地開發分析法評估過程：

  A. 勘估標的可建築總樓地板面積分析：

   a. 勘估標的個別條件分析：

   b. 建築及土地使用管制等相關法規限制：

   c. 可建總樓地板面積推估：

    依上述之土地使用管制規定，參考建築技術規則推估可能最大樓地板面積如下：

    （甲）興建樓層數：＿＿＿＿＿＿＿＿＿＿＿＿＿＿。

    （乙）地面層面積：＿＿＿＿＿＿＿＿＿＿＿＿＿＿。

    （丙）主建物面積：＿＿＿＿＿＿＿＿＿＿＿＿＿＿。

（丁）附屬建物及梯廳面積：＿＿＿＿＿＿＿＿＿＿＿＿＿＿。

（戊）地下室面積：＿＿＿＿＿＿＿＿＿＿＿＿＿＿＿＿。

（己）屋頂突出物面積：＿＿＿＿＿＿＿＿＿＿＿＿坪。

（庚）平面停車位：＿＿＿＿＿＿＿＿＿＿＿＿＿位。

B. 勘估標的總銷售樓地板面積推估：

《注意須知》樓地板面積應以推估之銷售面積為準，而非建築樓地板面積。

C. 總銷售金額評估：

a. 近鄰地區新成屋及預售屋價格分析：

b. 依上述比較個案，推估目前該基地若推出○○產品市場價格評估如下：

（甲）地面層單價約：＿＿＿＿＿＿＿＿＿＿＿元／坪。

（乙）二樓以上各樓層單價約：＿＿＿＿＿＿＿元／坪。

（丙）平面式停車位單價約：＿＿＿＿＿＿＿元／個。

（丁）機械式停車位單價約：＿＿＿＿＿＿＿元／個。

《注意須知》銷售金額應參酌新成屋價格或運用預售屋價格推估新成屋價格決定之，應依不動產估價技術規則第 75 條規定，以比較法或收益法求取之。

D. 總銷售金額推估：

E. 各項成本費用推估：

F. 推估土地開發分析法價格：

4. 合併後土地價格決定理由

※步驟三：以合併前各筆土地價值比例分配合併後土地價格

《注意須知》依不動產估價技術規則第 84 條規定，數筆土地合併為一宗進行土地利用之估價，應以合併後土地估價，並以合併前各筆土地價值比例分算其土地價格。

地號	面積(坪)	比準地價格(元/坪)	合併前各筆土地價格(元/坪)	合併前各筆土地價值總額(元)	合併前各筆土地價值比例(%)	合併後土地總額(元)	合併前各筆土地分配合併後土地價值總額(元)	合併前各筆土地分配合併後土地價值單價(元/坪)
合計								

※步驟四：公共設施用地評估

《注意須知》公共設施用地不參與步驟三分配。

（四） 更新前各筆土地上有區分所有建物時，各權利人土地權利價值評估

1. 更新前各區分所有建物房地價格評估

《注意須知》若更新前區分所有建物有下列情況時，委託人應說明評估前提，以書面方式告知估價師作為估價依據，並載入估價條件中。

■ 約定專用建物使用權屬。

■ 地下室或附屬建物未登記。

■ 法定用途與現況用途不同。

■ 附屬建物過大過小。

■ 公共設施過大過小。

■ 合併利用(例如一樓店面前後合併)等情形時，是否以合併狀態評估。

■ 同一張建築執照或使用執照下的區分所有建物，各戶土地持分面積與建物持分面積兩者比例若明顯不相當估價原則：

　A. 界定合理土地持分面積

　　a. 合理土地持分面積之推算應以該社區登記情況為原則考量，社區登記情況若無邏輯性可依循，則以專有建物面積比例推算之。

　　b. 車位的合理土地持分之推算應以該社區登記情況為原則考量。

c. 同一張建築執照或使用執照下有多筆土地，原則上各區分建物所有權人均應持分各筆土地面積，且持分比例相同；但各筆土地持分面積加總與建物持分面積，各區分建物所有權人之比例關係均相同，此情況亦為合理。

B. 評估土地使用權價值

a. 計算土地差異面積及地價總額，並合理拆算『使用權價值』與『所有權價值』。

b. 聯合貢獻土地價格：依不動產估價技術規則 125 條拆算全棟房地價格所得之土地貢獻價格。

C. 建議評估步驟

於各區分所有建物合併前土地權利價值中進行找補。

步驟一先進行區分建物土地持分分配合理性評估步驟二評估合理土地持分下房地總價

步驟三採不動產估價技術規則 125 或 126 條進行土地權利價值計算

步驟四依土地使用權價值進行土地差異價值找補步驟五決定各區分建物土地權利價值

■ 其他特殊情況。

(1) 勘估標的之分析：

說明更新前勘估標的情形及選定比準單元

(2) 估價方法之選定：

以比較法及收益法之直接資本化法推估比準單元價格。

《注意須知》應至少以兩種以上估價方法評估之，若無採兩種以上估價方法，依技術規則敘明理由。

(3) 比較法評估過程：

A. 有關比較法評估過程，本事務所採百分率調整法評估之。

B. 百分率調整法係經比較標的與勘估標的各項個別因素及區域因素作一比較，並比較出各項因素之差異百分比率（超極優＞極優＞優＞稍優＞普通＞稍劣＞劣＞極劣＞超極劣），計算出勘估標的比較價格之方法。

C. 超極優＞極優＞優＞稍優＞普通＞稍劣＞劣＞極劣＞超極劣等條件之評定係以比較標的與勘估標的各項條件之客觀比較而來。以

勘估標的為基準做比較。例如勘估標的商業效益寫為優，若比較標的寫為普通，則比較標的於商業效益一項因素應向上修正。

D. 對於比較案例之相關資料，本事務所已盡可能向資料提供者進行查證，如有不足係屬無法查證或查證有困難。

《注意須知》比較案例應至少有一成交案例，且成交日期應至少距價格日期一年內，但若無距價格日期一年內之比較案例，得放寬超過一年，應敘明理由。

E. 比較標的條件分析：

項　　目	勘估標的	比較標的一	比較標的二	比較標的三
地　　址				
價格型態				
交易價格				
勘察日期				
價格日期				
使用分區				
建築樓層				
比較標的樓層				
屋　　齡				
面　　積				
結　　構				
臨路情況(M)				
臨路面寬(M)				
平均深度(M)				
交通條件				
公共設施				
整體條件				
議價空間(%)				
預估可能成交價格				
備　　註				

F. 勘估標的與比較標的區域因素比較調整分析：

主要項目	次要項目	勘估標的	比較標的一	調整百分率	比較標的二	調整百分率	比較標的三	調整百分率
交通運輸								
	小計							
自然條件								
	小計							
公共設施								
	小計							
發展潛力								
	小計							

《注意須知》

(1) 比較標的在近鄰地區以外者，應檢討區域因素修正，而近鄰地區範圍由估價師視該地區實際發展調整之。

(2) 上述表格主要項目下，估價師可細分為數個次要項目進行調整，其中交通運輸條件包括主要道路寬度、捷運之便利性、公車之便利性、鐵路運輸之便利性、交流道之有無及接近交流道之程度等；自然條件可分為景觀、排水之良否、地勢傾斜度、災害影響等；公共設施條件可包括學校(國小、國中、高中、大專院校)、市場(傳統市場、超級市場、超大型購物中心)、公園、廣場、徒步區、觀光遊憩設施、服務性設施(郵局、銀行、醫院、機關等設施)；發展潛力條件可包括區域利用成熟度、重大建設計畫及發展趨勢等；估價師並可依實際需求調整次要項目內容。

G. 勘估標的與比較標的個別因素比較調整分析：

主要項目	次要項目	勘估標的	比較標的一	調整百分率	比較標的二	調整百分率	比較標的三	調整百分率
建物個別條件	建物結構							
	屋齡							
	總價與單價關係							
	面積適宜性							
	採光通風							
	景觀							
	產品適宜性							
	樓層位置							
	內部公共設施狀況							
	騎樓狀況							
	管理狀況							
建物個別條件	使用管制							
	建材							
	建築設計							
	商業效益							
	小計							
道路條件	面臨主要道路寬度							
	道路種別(主幹道、次幹道、巷道)							
	道路鋪設							
	小計							
接近條件	接近車站之程度							
	接近學校之程度(國小、國中、高中、大專院校)							

主要項目	次要項目	勘估標的	比較標的一	調整百分率	比較標的二	調整百分率	比較標的三	調整百分率
	接近市場之程度(傳統市場、超級市場、超大型購物中心)							
	接近公園之程度							
	接近停車場之程度							
	接近鄰近商圈之程度							
	小計							
週邊環境條件	地勢							
	日照							
	嫌惡設施有無							
	停車方便性							
	小計							
個別因素調整百分比率								

　　《注意須知》上述表格主要項目下，估價師可細分為數個次要項目進行調整，其中建物個別條件包括建物結構、屋齡、總價與單價關係[3]、面積適宜性、採光通風、景觀、產品適宜性、樓層位置、內部公共設施狀況、騎樓狀況、管理狀況、使用管制、建材、建築設計、商業效益；道路條件可分為面臨主要道路寬度、道路種別（主幹道、次幹道、巷道）、道路鋪設；接近條件可包括接近車站之程度、接近學校之程度（國小、國中、高中、大專院校）、接近市場之程度（傳統市場、超級市場、超大型購物中心）、接近公園之程度、接近停車場之程度、接近鄰近商圈之程度等；周邊環境條件可包括地勢、日照、嫌惡設施有無、停車方便性等，估價師並可依實際需求增加次要項目內容，並敘明理由。

---

[3] 總價與單價關係是基於市場上一般交易習慣，當交易標的金額或數量較高時，成交單價會稍低。但交易標的為區分所有建物時，除依市場交易習慣外，仍應該考慮區分所有建物的面積適宜性因素，評估區分所有建物合理價格。

H.勘估標的比較價格之推定：

項　　　目	比較標的一	比較標的二	比較標的三
交易價格			
價格型態			
情況因素 調整百分率			
情況因素 調整後價格			
價格日期 調整百分率			
價格日期 調整後價格			
區域因素 調整百分率			
區域因素 調整後價格			
個別因素 調整百分率			
試算價格			
比較標的 加權數			
加權數計 算後金額			
最後推定 比較價格			

I. 比較價格結論：

(4) 收益法之直接資本化法評估過程：

A. 正常租金評估：

B. 總收入推估：

C. 有效總收入推估：

D. 總費用推估：

E. 淨收益推估：

F. 收益資本化率推估：

《注意須知》應說明收益資本化率推估方式，並注意新舊店面及臨路等因素差異對收益資本化率影響。

G. 收益價格結論：

(5) 比準單元價格決定及理由

(6) 推估更新前各區分所有建物價格

A. 區分建物樓層別效用比及位置差異決定：

《注意須知》樓層別效用比及位置差異之決定，應列舉考量因子。

B. 各樓層價格決定：依決定之樓層別效用比及位置差異評估各樓層價格如表八

表八 更新前各區分所有建物建坪價格表

門牌	登記用途	建坪面積（坪）	比準單元價格（元／坪）	樓層別效用比(%)	位置差異(%)	建坪單價（元／坪）	建坪總價（元）	備註

《注意須知》比準單元底色應以不同顏色表現

2. 更新前各區分所有建物土地權利價值計算

    (1) 得以依不動產估價技術規則第 125 條規定：

        權利變換前為區分所有建物者，應以全棟建物之基地價值比率，分算各區分所有建物房地總價之基地權利價值，公式如下：

        各區分所有建物之基地權利價值＝各區分所有建物房地總價×基地價值比率前項基地價值比率之計算公式如下：

$$基地價值比率 = \frac{素地單價×基地總面積}{素地單價×基地總面積+[營造或施工費單價×(1-累積折舊率)×全棟建物面積]}$$

        區分所有建物情況特殊致依第一項計算之基地權利價值顯失公平者，得依第一百二十六條之二計算之基地權利價值予以調整。

《注意須知》素地單價應以考量合併前之土地單價為準。

    (2) 依不動產估價技術規則第 126 條規定：

        權利變換前區分所有建物之基地總價值低於區分所有建物坐落基地之素地總價值者，各區分所有建物之基地權利價值，計算方式如下：

        A. 依前條規定計算基地價值比率。

        B. 各區分所有建物基地權利價值＝
各區分所有建物房地總價×基地價值比率。

        C. 各區分所有建物基地權利價值比率＝
各區分所有建物基地權利價值／Σ（各區分所有建物基地權利價值）。

        D. 各區分所有建物調整後基地權利價值＝
區分所有建物坐落基地之素地總價值×各區分所有建物基地權利價值比率。

（五）權利變換關係人權利價值評估

    說明：依都市更新條例第三十九條規定，權利變換範圍內合法建築物及設定地上權、永佃權或耕地三七五租約之土地，由土地所有權人及合法建築物所有權人、地上權人、永佃權人及耕地三七五租約之承租人於實施者擬訂權利變換計畫前，自行協議處理。前項協議不成，或土地所有權人不願或不能參與分配時，由實施者估定合法建築物

所有權之權利價值及地上權、永佃權或耕地三七五租約價值。

1. 合法建物所有權人價值評估應由委託人先確定估價條件與原則，估價條件應包括：
   (1) 地上建物剩餘經濟耐用年數，視實際狀況認定之。
   (2) 若現況未支付地租者則不予計算，若有約定地租者，從其約定。

2. 合法建築物所有權人權利價值評估
   合法建築物所有權人權利價值，應分為區分所有建物及非區分所有建物兩種態樣
   (1) 非區分所有建物
   　　步驟一：先以不動產估價技術規則第 31、32 條或第 47 條評估合法建物使用土地之收益價格(但不含期末處分價值)，再以該收益價格扣除建物殘餘價值所得結果。
   　　步驟二：將步驟一所得結果除以各該土地合併前土地價格所得之比率。
   　　步驟三：將該比率乘以合併後土地價格，作為合法建築物所有權人權利價值。
   (2) 區分所有建物(有屋無地，部分建物所有權人未持有相對應的地號)：參考不動產估價技術規則第 126 條之 2。

3. 地上權權利價值評估
   　　步驟一：先以不動產估價技術規則第 31、32 條或第 47 條並同時需考量第 116 條評估地上權價格。
   　　步驟二：將地上權價格除以各該土地合併前土地價格所得之比率。步驟三：將該比率乘以合併後土地價格，作為地上權人權利價值。

《注意須知》

(1) 權利變換關係人權利價值應小於或等於所處該土地權利價值。

(2) 委託人應先釐清土地所有權人與權利變換關係人間之法律關係後，提供依不動產估價技術規則第 31、32、47 及 116 條中提及之相關參數，例如可收益年數或年期、期末價值、地上建物滅失後地上權人是否繼續持有地上權、該地上權是否得對依土地做有效利用重建、地上權是否得轉讓及地租收取狀況，並經委託人提供經確認之書面資料或相關合約後，載入估價條件中。

(3) 原則以不動產估價技術規則第 31、32 條或第 47 條評估合法建築物所有權人及地上權人收益價格，但估價師仍得依不動產估價技術規則其他規定評估合法建築物所有權人及地上權人權利價值。

(4) 永佃權人及耕地三七五租約之承租人之權利價值評估準用上述原則。

（六） 更新前各權利人權利價值及權利價值比例

說明： 依前述更新前權利價值評估結果，將土地所有權人、合法建築物所有權人、地上權人、永佃權人及耕地三七五租約承租人之權利價值做歸戶。

表四　更新前土地權利價值表

編號	土地所有權人及權利變換關係人	權利價值來源說明及地號	更新前土地權利價值(元)	更新前土地權利價值合計(元)	更新前土地權利價值比例(%)
1					
2					
總計					100%

《注意須知》更新前權利價值比例應表現到小數點後六位，例如 12.3456%。

二、更新後權利價值評估

（一） 勘估標的之選定及分析：

說明更新後勘估標的規劃設計情形及選定比準單元。

《注意須知》

1. 若更新後區分所有建物有下列情況時，委託人應說明評估前提，以書面方式告知估價師作為估價依據，並載入估價條件中。

(1) 約定專用建物使用權屬。

(2) 附屬建物過大過小。

(3) 公共設施過大過小。

(4) 其他特殊情況。

2. 更新後建物供宗教、公益或公共設施使用，如教堂、警察局、廟宇等較無市場性產品，估價原則應考量更新前後之公平性，估價方法得考量成本法。

3. 更新後建物整棟供旅館、百貨商場使用，估價方法得考量收益法之折現現金流量分析法。

（二）估價方法之選定：

原則以比較法及收益法之直接資本化法推估比準單元價格。

《注意須知》應至少以兩種以上估價方法評估之，若無採兩種以上估價方法，依技術規則敘明理由。

（三）價格評估過程：

1. 比較法評估過程：

A. 有關比較法評估過程，本事務所採百分率調整法評估之。

B. 百分率調整法係經比較標的與勘估標的各項個別因素及區域因素作一比較，並比較出各項因素之差異百分比率（超極優＞極優＞優＞稍優＞普通＞稍劣＞劣＞極劣＞超極劣），計算出勘估標的比較價格之方法。

C、超極優＞極優＞優＞稍優＞普通＞稍劣＞劣＞極劣＞超極劣等條件之評定係以比較標的與勘估標的各項條件之客觀比較而來。以勘估標的為基準做比較。例如勘估標的商業效益寫為優，若比較標的寫為普通，則比較標的於商業效益一項因素應向上修正。

D. 對於比較案例之相關資料，本事務所已儘可能向資料提供者進行查證，如有不足係屬無法查證或查證有困難。

《注意須知》比較案例應至少有一成交案例，且成交日期應至少距價格日期一年內，但若無距價格日期一年內之比較案例，得放寬超過一年，應敘明理由。

E. 比較標的條件分析：

項目	勘估標的	比較標的一	比較標的二	比較標的三
地址				
價格型態				
交易價格				
勘察日期				
價格日期				

項目	勘估標的	比較標的一	比較標的二	比較標的三
使用分區				
建築樓層				
比較標的樓層				
屋齡				
面積				
結構				
臨路情況(M)				
臨路面寬(M)				
平均深度(M)				
交通條件				
公共設施				
整體條件				
議價空間(%)				
預估可能成交價格				
備註				

F. 勘估標的與比較標的區域因素比較調整分析：

主要項目	次要項目	勘估標的	比較標的一	調整百分率	比較標的二	調整百分率	比較標的三	調整百分率
交通運輸								
	小計							
自然條件								
	小計							
公共設施								
	小計							

主要項目	次要項目	勘估標的	比較標的一	調整百分率	比較標的二	調整百分率	比較標的三	調整百分率
發展潛力								
	小計							
區域因素調整百分率								

《注意須知》

(1) 比較標的在近鄰地區以外者，應檢討區域因素修正，而近鄰地區範圍由估價師視該地區實際發展調整之。

(2) 上述表格主要項目下，估價師可細分為數個次要項目進行調整，其中交通運輸條件包括主要道路寬度、捷運之便利性、公車之便利性、鐵路運輸之便利性、交流道之有無及接近交流道之程度等；自然條件可分為景觀、排水之良否、地勢傾斜度、災害影響等；公共設施條件可包括學校(國小、國中、高中、大專院校)、市場(傳統市場、超級市場、超大型購物中心)、公園、廣場、徒步區、觀光遊憩設施、服務性設施(郵局、銀行、醫院、機關等設施)；發展潛力條件可包括區域利用成熟度、重大建設計畫及發展趨勢等;估價師並可依實際需求調整次要項目內容。

    G. 勘估標的與比較標的個別因素比較調整分析：

主要項目	次要項目	勘估標的	比較標的一	調整百分率	比較標的二	調整百分率	比較標的三	調整百分率
建物個別條件	建物結構							
	屋齡							
	總價與單價關係							
	面積適宜性							
	採光通風							
	景觀							

主要項目	次要項目	勘估標的	比較標的一	調整百分率	比較標的二	調整百分率	比較標的三	調整百分率
	產品適宜性							
	樓層位置							
	內部公共設施狀況							
	騎樓狀況							
	管理狀況							
	使用管制							
	建材							
	建築設計							
	商業效益							
	小計							
道路條件	面臨主要道路寬度							
	道路種別（主幹道、次幹道、巷道）							
	道路鋪設							
	小計							
接近條件	接近車站之程度							
	接近學校之程度（國小、國中、高中、大專院校）							

主要項目	次要項目	勘估標的	比較標的一	調整百分率	比較標的二	調整百分率	比較標的三	調整百分率
	接近市場之程度（傳統市場、超級市場、超大型購物中心）							
	接近公園之程度							
	接近停車場之程度							
	接近鄰近商圈之程度							
	小計							
週邊環境條件	地勢							
	日照							
	嫌惡設施有無							
	停車方便性							
	小計							
個別因素調整百分比率								

《注意須知》上述表格主要項目下，估價師可細分為數個次要項目進行調整，其中建物個別條件包括建物結構、屋齡、總價與單價關係[4]、面積適宜性、採光通風、景觀、產品適宜性、樓層位置、內部公共設施狀況、騎樓狀況、管理狀況、使用管制、建材、建築設計、商業效益；道路條件可分為面臨主要道路寬度、道路種別(主幹道、次幹道、巷道)、道路鋪設；接近條件可包括接近車站之程度、接近學校之程度(國小、國中、高中、大專院校)、接近市場之程度(傳統市場、超級市場、超大型購物中心)、接近公園之程度、接近停車場之程度、接近鄰近商圈之程度等；周邊環境條件可包括地勢、日照、嫌惡設施有無、停車方便性等，估價師並可依實際需求增加次要項目內容，並敘明理由。

---

[4] 總價與單價關係是基於市場上一般交易習慣，當交易標的金額或數量較高時，成交單價會稍低。但交易標的為區分所有建物時，除依市場交易習慣外，仍應該考慮區分所有建物的面積適宜性因素，評估區分所有建物合理價格。

H. 勘估標的比較價格之推定：

項　　目	比較標的一	比較標的二	比較標的三
交易價格			
價格型態			
情況因素 調整百分率			
情況因素 調整後價格			
價格日期 調整百分率			
價格日期 調整後價格			
區域因素 調整百分率			
區域因素 調整後價格			
個別因素 調整百分率			
試算價格			
比較標的 加權數			
加權數計 算後金額			
最後推定 比較價格			

I. 比較價格結論：

2. 收益法之直接資本化法評估過程：

(1) 正常租金評估：

(2) 總收入推估：

(3) 有效總收入推估：

(4) 總費用推估：

(5) 淨收益推估：

(6) 收益資本化率推估：

《注意須知》應說明收益資本化率推估過程及方法，並注意臨路等因素差異對收益資本化率影響。

(7) 收益價格結論：

3. 比準單元價格決定及理由

（四）更新後各單元權利價值及總值

1. 區分建物樓層別效用比及位置差異決定：

2. 各樓層價格決定：依決定之樓層別效用比及位置差異評估各樓層價格如下表：

表五 更新後各單元建築物及其土地應有部分之權利價值表

分配單元代號	規劃用途	土地持分面積(坪)	建坪面積(坪)	建坪單價(元/坪)	權利價值(元)	備註
總計						

《注意須知》

1. 比準單元底色應以不同顏色表現。

2. 上開建築分配單元如有約定專用之露臺者，以外加露臺之價值方式處理，於該分配單元之備註欄敘明『露臺之單價、面積、總價』。

表六　更新後車位權利價值表

車位編號	樓層層次	車位形式及大小	車位權利價值 (元)	備註
	地下一層	例如：坡道平面(大)		
	地下一層	例如：坡道平面(小)		
	地下二層	例如：坡道機械(大)		
	地下二層			
	總計			

表七　更新前後權利價值分析表

更新前	比準地土地價格(元/坪)	比準地土地總價(元)	整體更新單元土地權利單價(元/坪)	整體更新單元土地權利總價(元)
更新後	地面層平均建坪單價(元/坪)	二樓以上平均建坪單價(元/坪)	車位平均價格(元/個)	更新後總權利價值(元)

《注意須知》更新後權利價值分析，應視實際建築設計及規劃用途等，適當調整分析內容。

伍、其他與估價相關之必要事項及依本規則規定須敘明之情況

一、林英彥著，不動產估價（11 版），文笙書局，2006。

二、美國不動產估價協會著（宏大不動產鑑定顧問股份有限公司譯中文版 11 版），不動產估價，宏大不動產鑑定顧問股份有限公司，1999。

三、梁仁旭、陳奉瑤著，不動產估價，2009。

四、鄭明安著，不動產估價理論與方法，五南圖書出版公司，2000。

五、中華民國不動產估價師公會全國聯合會，http://www.rocreaa.org.tw/。

六、林英彥著，不動產估價實務問題解答(第 3 版)，文笙書局，2010

國家圖書館出版品預行編目資料

不動產估價概要：理論與實務 / 郭厚村編著.
-- 五版. -- 新北市：新文京開發, 2020.04
面；　公分

ISBN　978-986-430-615-2（平裝）

1.不動產　2.不動產業

554.89　　　　　　　　　　　　109004887

不動產估價概要─理論與實務（第五版）　　（書號：H109e5）

編　著　者	郭厚村
出　版　者	新文京開發出版股份有限公司
地　　　址	新北市中和區中山路二段 362 號 9 樓
電　　　話	(02) 2244-8188（代表號）
F　A　X	(02) 2244-8189
郵　　　撥	1958730-2
初　　　版	西元 2004 年 06 月 30 日
二　　　版	西元 2006 年 08 月 25 日
三　　　版	西元 2010 年 01 月 20 日
四　　　版	西元 2014 年 08 月 01 日
五　　　版	西元 2020 年 06 月 01 日

New Wun Ching Developmental Publishing Co., Ltd.

New Age · New Choice · The Best Selected Educational Publications—NEW WCDP

新文京開發出版股份有限公司

NEW
WCDP

新世紀‧新視野‧新文京 — 精選教科書‧考試用書‧專業參考書